FORMAÇÃO DE PROFESSORES/AS NO BRASIL

DAS ESCOLAS NORMAIS À PÓS-GRADUAÇÃO

Editora Appris Ltda.
1.ª Edição - Copyright© 2024 dos autores
Direitos de Edição Reservados à Editora Appris Ltda.

Nenhuma parte desta obra poderá ser utilizada indevidamente, sem estar de acordo com a Lei nº 9.610/98. Se incorreções forem encontradas, serão de exclusiva responsabilidade de seus organizadores. Foi realizado o Depósito Legal na Fundação Biblioteca Nacional, de acordo com as Leis nos 10.994, de 14/12/2004, e 12.192, de 14/01/2010.

Catalogação na Fonte
Elaborado por: Josefina A. S. Guedes
Bibliotecária CRB 9/870

F724f 2024	Formação de professores/as no Brasil: das escolas normais à pós-graduação / Fabiana da Silva Viana e João Valdir Alves de Souza (orgs.). – 1. ed. – Curitiba: Appris, 2024. 181 p. ; 23 cm. – (Formação de professores). Inclui referências. ISBN 978-65-250-5916-7 1. Professores – Formação. 2. Professores de ensino fundamental – Formação. 3. Educação permanente. I. Viana, Fabiana da Silva. II. Souza, João Valdir Alves de. III. Título. IV. Série. CDD – 370.71

Livro de acordo com a normalização técnica da ABNT

Appris editora

Editora e Livraria Appris Ltda.
Av. Manoel Ribas, 2265 – Mercês
Curitiba/PR – CEP: 80810-002
Tel. (41) 3156 - 4731
www.editoraappris.com.br

Printed in Brazil
Impresso no Brasil

Fabiana da Silva Viana
João Valdir Alves de Souza (org.)

FORMAÇÃO DE PROFESSORES/AS NO BRASIL

DAS ESCOLAS NORMAIS À PÓS-GRADUAÇÃO

FICHA TÉCNICA

EDITORIAL	Augusto Coelho
	Sara C. de Andrade Coelho
COMITÊ EDITORIAL	Marli Caetano
	Andréa Barbosa Gouveia - UFPR
	Edmeire C. Pereira - UFPR
	Iraneide da Silva - UFC
	Jacques de Lima Ferreira - UP
SUPERVISOR DA PRODUÇÃO	Renata Cristina Lopes Miccelli
PRODUÇÃO EDITORIAL	Adrielli de Almeida
REVISÃO	Andrea Bassoto Gatto
DIAGRAMAÇÃO	Renata Cristina Lopes Miccelli
CAPA	Carlos Pereira
FOTOGRAFIA DO AUTOR	Quequeu Viana
REVISÃO DE PROVA	Jibril Keddeh

COMITÊ CIENTÍFICO DA COLEÇÃO FORMAÇÃO DE PROFESSORES

DIREÇÃO CIENTÍFICA Jacques de Lima Ferreira

CONSULTORES
- Amália Neide Covic (UNFESP)
- Barbara Raquel Do Prado Gimenez Correa (PUCPR)
- Cláudia Coelho Hardagh (UPM)
- Inge Renate Frose Suhr (IFC)
- Joana Paulin Romanowski (PUCPR)
- Marilda Aparecida Behrens (PUCPR)
- Marilia Torales Campos (UFPR)
- Mercia Freira Rocha Correia Machado (IFPR)
- Patrícia Lupion Torres (PUCPR)
- Ricardo Antune de Sá (UFPR)
- Rita de Cássia Veiga Marriott (UTFPR)
- Rui Trindade (FPCEUP)
- Simone Regina Manosso Cartaxo (UEPG)

AGRADECIMENTOS

Este livro é o resultado de muitas ações e de um longo tempo de espera, como o leitor descobrirá nas páginas que seguem. Por essa razão, agradecemos com afeto e admiração aos estudantes e professores que colaboraram na realização do seminário tema e origem desta obra, realizado na Faculdade de Educação (FaE) da Universidade Federal de Minas Gerais (UFMG) no ano de 2015. Agradecemos especialmente aos conferencistas presentes no seminário àquela época, que se dedicaram a uma escrita cuidadosa e refletida acerca da história da formação de professores no Brasil. A esses conferencistas, que são escritores, pesquisadores e formadores de professores, agradecemos também por seu compromisso político com a valorização da docência, com a construção de relações mais democráticas nas escolas e a decorrente promoção da vida.

DEDICATÓRIA

Este livro é dedicado a todos os professores e a todas as professoras desse imenso Brasil que, a despeito das deploráveis condições de trabalho na maioria das escolas, atuam diuturnamente na tentativa de realizar as promessas da educação.

PROFESSOR

O professor disserta

Sobre ponto difícil do programa.

Um aluno dorme,

cansado das canseiras desta vida.

O professor vai sacudi-lo?

Vai repreendê-lo?

Não.

O professor baixa sua voz

com medo de acordá-lo.

(Carlos Drummond de Andrade, *Poesia Errante*)

SUMÁRIO

APRESENTAÇÃO 15
PREFÁCIO 23

1
FORMAÇÃO DE PROFESSORES/AS NO CONTEXTO DO PROJETO CIVILIZATÓRIO DA MODERNIDADE 25
JOÃO VALDIR ALVES DE SOUZA

    INTRODUÇÃO 25
    1.1 O MUNDO MODERNO 26
    1.2 O PROJETO CIVILIZATÓRIO DA MODERNIDADE 34
    1.3 A TAREFA DA EDUCAÇÃO E A CENTRALIDADE INSTITUCIONAL DA ESCOLA NA MODERNIDADE 38
    1.4 O QUE SIGNIFICA FORMAR PROFESSORES PARA ATUAR NESSA INSTITUIÇÃO? 43
    1.5 EM SÍNTESE 49
    REFERÊNCIAS 51

2
EU, ESCOLA NORMAL 55
ELIANE MARTA TEIXEIRA LOPES

    INTRODUÇÃO 55
    2.1 EU, NORMALISTA 62
    2.2 CAI O PANO; FIM DE *A NORMALISTA* 65
    2.3 NÃO SABENDO QUE ERA IMPOSSÍVEL, FOI LÁ E FEZ ... 71
    REFERÊNCIAS 71

3
DAS ESCOLAS NORMAIS À PÓS-GRADUAÇÃO: 180 ANOS DE HISTÓRIA DA FORMAÇÃO DE PROFESSORES NO BRASIL 73
CARLOS ROBERTO JAMIL CURY

    INTRODUÇÃO 73
    3.1 FORMAÇÃO DOCENTE NO BRASIL: AS CINCO POSSIBILIDADES 74
    3.2 FORMAÇÃO DOCENTE NO BRASIL: PRESSUPOSTOS E CONTEXTO 76

3.3 A FORMAÇÃO DOCENTE: UMA HISTÓRIA COMPLEXA 82
3.4 A LEI DE DIRETRIZES E BASES DA EDUCAÇÃO NACIONAL 89
3.5 FORMAÇÃO DOCENTE E PLANO NACIONAL DE EDUCAÇÃO 91
3.6 PERSPECTIVAS 94
REFERÊNCIAS.. 97

4
VICISSITUDES DA FORMAÇÃO DE PROFESSORES NO BRASIL: DO MÉTODO MONITORIAL-MÚTUO (1827) AO PLANO NACIONAL DE EDUCAÇÃO (2014-2024)... 99
DERMEVAL SAVIANI

INTRODUÇÃO... 99
4.1 ENSAIOS INTERMITENTES DE FORMAÇÃO DE PROFESSORES (1827-1890).. 104
4.2 ESTABELECIMENTO E EXPANSÃO DO PADRÃO DAS ESCOLAS NORMAIS (1890-1932).. 106
4.3 ORGANIZAÇÃO DOS INSTITUTOS DE EDUCAÇÃO (1932- 1939)........... 107
4.4 ORGANIZAÇÃO E IMPLANTAÇÃO DOS CURSOS DE PEDAGOGIA E DE LICENCIATURA E CONSOLIDAÇÃO DO MODELO DAS ESCOLAS NORMAIS (1939-1971).. 108
4.5 SUBSTITUIÇÃO DA ESCOLA NORMAL PELA HABILITAÇÃO ESPECÍFICA DE MAGISTÉRIO (1971-1996) 110
4.6 ADVENTO DOS INSTITUTOS SUPERIORES DE EDUCAÇÃO, CURSOS NORMAIS SUPERIORES E DIRETRIZES CURRICULARES NACIONAIS DO CURSO DE PEDAGOGIA (1996-2006)...................................... 111
4.7 INCLUSÃO DA PÓS-GRADUAÇÃO ENTRE AS VIAS DE FORMAÇÃO DE PROFESSORES (2006-2014) 117
4.8 SITUAÇÃO ATUAL DA FORMAÇÃO DE PROFESSORES NO BRASIL 118
CONCLUSÃO 124
REFERÊNCIAS... 125

5
FORMAÇÃO DOCENTE NO BRASIL: REFLEXÕES E PONDERAÇÕES .. 129
BERNARDETE ANGELINA GATTI

    INTRODUÇÃO. 129
    5.1 POLÍTICAS E PROGRAMAS: ANO 2001 E SUBSEQUENTES. 136
    5.2 PROFESSOR: FORMADOR DE GERAÇÕES 141
    CONSIDERAÇÕES FINAIS. 143
    REFERÊNCIAS. 144

6
INTERROGAÇÕES E PERSPECTIVAS SOBRE FORMAÇÃO DOCENTE.. 149
SAMIRA ZAIDAN

    INTRODUÇÃO. 149
    6.1 ESTÃO OS PROFESSORES SENDO PREPARADOS PARA A EDUCAÇÃO BÁSICA UNIVERSALIZADA?. 153
    6.2 O FOCO NO EDUCANDO. 155
    6.3 DOCÊNCIA-DISCÊNCIA – O INVESTIMENTO EM RELAÇÕES DIALÓGICAS E DEMOCRÁTICAS. 158
    6.4 ENSINAR CONHECIMENTOS/SABERES VINCULADOS À PRÁTICA PROFISSIONAL – O CONHECIMENTO PRÓPRIO DA DOCÊNCIA. 160
    6.5 DESENVOLVER UMA PERSPECTIVA TRANSDISCIPLINAR. 163
    6.6 REDEFINIR O "LUGAR" ONDE A FORMAÇÃO DEVE OCORRER 166
    CONCLUSÃO 167
    REFERÊNCIAS. 168

7
POSFÁCIO: MEMÓRIAS E CONTINGÊNCIAS 173
FABIANA DA SILVA VIANA

APRESENTAÇÃO

A publicação deste livro ocorre em um momento turbulento e de grande esforço de retomada de certa normalidade da vida social. Passados poucos meses desde o final do período em que o mundo enfrentou a pandemia da Covid-19, ainda estamos juntando os elementos que devem tornar possível uma análise mais substantiva do real impacto dela, particularmente no campo da educação. Mas alguns números já nos dizem algo sobre esse impacto: em setembro de 2023 computava-se, no mundo todo, algo em torno de 770 milhões de casos e aproximadamente 7 milhões de vítimas fatais; no Brasil, algo em torno de 37 milhões de casos e mais de 700 mil mortes confirmadas. No auge da pandemia, a oposição do governo nacional à maioria dos governos estaduais fragilizou os esforços para uma ação conjunta, segura e consistente, o que agravou os efeitos da doença e retardou a retomada da normalidade na vida cotidiana.

Embora o governo nacional não tenha assumido, à época, o isolamento social como medida ampla e essencial para evitar o contágio, todos os sistemas de ensino tiveram as aulas presenciais interrompidas desde que a pandemia foi decretada, em março de 2020. Vale destacar que as atividades escolares foram realizadas de forma remota e enfrentando grandes desafios, em razão da ineficiência governamental em propor diretrizes claras e garantir as condições mínimas necessárias para que famílias, equipes pedagógicas e docentes pudessem dar continuidade ao trabalho escolar, sobretudo para as populações mais pobres e excluídas.

No centro do debate público sobre educação, alimentadas principalmente pelas classes médias mais intelectualizadas, estão as preocupações com os impactos da pandemia nos processos de ensino e aprendizagem. A pandemia não só desnudou governos e seu despreparo para a gestão das políticas públicas como escancarou os problemas decorrentes das desigualdades sociais. Escancarou e aumentou, inclusive, as desigualdades escolares, uma vez que as instituições privadas lançaram mão de plataformas diversas de ensino, equiparam e assumiram o treinamento de professores para o uso dos mais recentes recursos tecnológicos, enquanto as redes públicas revelaram, mais uma vez, suas condições de precariedade.

Ainda que de modo aligeirado e emergencial, as instituições que puderam e dispuseram-se a oferecer o ensino remoto lançaram-se a um movimento extenuante de revisão de materiais e planejamentos, de adequação de propostas didáticas e avaliativas, de diálogo com comunidades e famílias, de aprendizagem e utilização de ferramentas e mídias digitais. As salas de aula transpuseram os muros das escolas e invadiram o espaço das casas, rompendo com a histórica separação entre "trabalho escolar" e "trabalho para casa" e multiplicando a audiência das aulas para além dos públicos aos quais elas eram destinadas. Além dos alunos a quem as aulas eram dirigidas, simultaneamente tiveram acesso a elas ou a qualquer outro momento, assim que o desejassem, todos os demais membros do grupo familiar dos estudantes. Aula "síncrona" e aula "assíncrona" entraram definitivamente no nosso já rico e sempre inovador vocabulário da educação. Dessa vez, contudo, ainda que já não sejam mais tão novas as experiências com educação a distância, a novidade veio acompanhada de total subversão da imagem de educação escolar que tínhamos até então.

A forma escolar com a qual estamos familiarizados produziu uma nítida separação entre "tempo de escola" e "tempo de para casa". Ainda que pais e outros familiares fossem convocados a colaborar principalmente nesse tempo de trabalho para casa, o tempo de escola foi reivindicado como domínio exclusivo dos profissionais do ensino, sobre o qual eles deviam ter total autonomia na condução do processo de ensino e aprendizagem. Ainda que, historicamente, tenha havido tensões nas relações família-escola, essa autonomia do trabalho docente foi resguardada pela instituição escolar como uma das condições fundamentais da própria existência.

Rompendo-se com a separação entre "trabalho escolar" e "trabalho para casa" e multiplicando-se a audiência das aulas para além dos públicos aos quais elas destinavam-se, conforme afirmado anteriormente, foi notável o abalo desse pilar fundamental sobre o qual se assenta a prática docente. Incomodadas com a condução dada pelos professores às aulas on-line e à forma de participação dos alunos, de modo especial, àqueles da educação infantil e dos primeiros anos do ensino fundamental, muitas famílias questionaram o trabalho docente e muitos professores revelaram insegurança ao penetrarem um domínio para o qual não foram formados e não estavam preparados. Nessa atmosfera de incertezas e tensões crescentes, provocada de modo geral por aligeiradas adequações, a escola e a atuação docente foram alçadas à ordem do dia e grande destaque foi dado ao trabalho dos professores e à condução dada por eles às suas aulas.

Com os holofotes todos dirigidos às suas escolhas didáticas, seus gestos, suas palavras e suas condutas, os professores passaram a verem-se sob grandes pressões da sociedade. Vozes dissonantes e, muitas vezes, desconhecedoras da natureza do trabalho docente e da dinâmica da sala de aula arvoraram-se de críticas das escolas e de seus professores. Se, por um lado, fizeram coro às vozes que há tempos têm denunciado a precarização do ensino, sobretudo para os socialmente excluídos, por outro lado, em defesa de estreitas visões acerca do que seja educação e ensino, minaram o trabalho docente naquilo que talvez seja seu pilar fundamental: a liberdade no gesto e a autonomia do processo. O fim da pandemia trouxe de volta à sala de aula professores e estudantes, contudo muito tempo ainda será necessário para descortinarem-se os desdobramentos da pandemia no trabalho dos professores e nesse espaço de ensino.

É nesse sentido que queremos chamar a atenção para a relevância da discussão proposta neste livro. Ele trata do modo como tem sido historicamente realizada a formação de professores no Brasil. Ao contrário da romântica visão do senso comum, que costuma ver a educação como um conjunto de gestos de boa vontade realizando ideais elevados, o que se mostra aqui é que educação, sobretudo a escolar, é produto de tensas e contraditórias relações econômicas, sociais, políticas, culturais e ideológicas. Além disso, revela, também, que ela resulta do confronto de valores que põem em luta projetos em disputa e que a formação de professores não é algo que se constitui fora dessas relações.

Ideais elevados orientaram efetivamente lutas por educação pública no Brasil desde, pelo menos, meados do século XIX. E foi em nome desses ideais que foram criadas Escolas Normais para formar professores. Transformações nas estruturas econômica, sociocultural e política da sociedade brasileira, em especial no início do século XX, fizeram edificar o "otimismo pedagógico" e o "entusiasmo pela educação", como bem analisados por Jorge Nagle;[1] e fizeram emergir uma elite de pensadores da educação que não apenas levaram adiante, em diversos estados da Federação, inovadores projetos de educação pública, como assinaram um Manifesto nacional em sua defesa, como foi o caso do Manifesto dos Pioneiros da Educação Nova, de 1932.[2]

---

[1] NAGLE, Jorge. A educação na Primeira República. *In*: FAUSTO, Boris (org.) *História geral da civilização brasileira*. Tomo III: O Brasil Republicano. v. 2: Sociedade e instituições (1889-1930). Rio de Janeiro: Difel, 1977.

[2] AZEVEDO, Fernando *et al. Manifesto dos Pioneiros da Educação Nova (1932) e dos Educadores (1959)*. Recife: Fundação Joaquim Nabuco; Massangana, 2010.

Além disso, criaram, ainda que tardiamente, mesmo se comparados com outros projetos na América Latina, universidades públicas, a exemplo de Minas Gerais, do Rio de Janeiro, do Paraná, do Rio Grande do Sul e das três grandes estaduais paulistas (USP, Unicamp e Unesp); fizeram reformas no ensino e a Constituição de 1934 agregou à obrigatoriedade a gratuidade; conceberam, na estrutura do Estado, um ministério para tratar especificamente da educação escolar e leis nacionais com planos que deveriam orientar os agentes públicos; chegaram até a produzir mudanças que levaram Mariza Correa a dizer que os anos 1950 foram "os anos de ouro" da educação no Brasil;[3] produziram nomes como Lourenço Filho, Fernando de Azevedo, Anísio Teixeira, Paschoal Lemme, Paulo Freire e tantos outros que se notabilizaram exatamente por imaginarem modos inovadores de se realizar em território nacional as grandes promessas que, desde pelo menos o século XVIII, orientavam projetos em outros pontos do globo.

Mas, por que, quanto mais o tempo passa, mais nos damos conta dos limites desses projetos, mais distante parece-nos o alcance dessas promessas, mais fundo aparenta-nos o abismo que separa em classes sociais distintas os públicos cujo desempenho escolar também revela as mesmas disparidades? Como pensar educação e escola neste país de dimensões continentais, extraordinariamente diverso e brutalmente desigual, seja pelo modo como aqui a promessa fez-se prática (com a edificação de rede física, com a definição de currículos, com a formação de professores), seja pelo modo como a crítica aponta uma lacuna (o histórico processo de exclusão escolar dos socialmente excluídos, o eurocentrismo ainda reinante no processo, a precarização da condição docente e das redes púbicas de ensino)?

Elaborados a partir do seminário anual do Projeto de Ensino, Pesquisa e Extensão Pensar a Educação, Pensar o Brasil 1822-2022, realizado em 2015, os textos que compõem este livro foram escritos por educadores que são referências no campo da educação brasileira. Essa referência constituiu-se seja pela experiência construída nas salas de aulas de universidades brasileiras, como formadores de professores para a educação básica e superior, seja por sua participação em importantes fóruns de discussão e construção de políticas públicas para educação ou pelas inúmeras pesquisas e publicações que já realizaram.

Tendo como ponto de partida o desafio de propor uma discussão que tivesse como marcos a criação das Escolas Normais e a institucionalização

---

[3] CORRÊA, Mariza. A revolução dos normalistas. *Cadernos de Pesquisa*, São Paulo, n. 66, p. 13-24, 1988.

dos cursos de graduação e pós-graduação voltados para a formação de professores, esses autores elaboraram importantes sínteses que nos permitem uma visão de conjunto sobre os fundamentos históricos, políticos e sociológicos que orientaram a organização dos sistemas de ensino no Brasil e a formação dos profissionais para atuar neles.

O texto que abre esse debate chama nossa atenção para um paradoxo: quanto mais vemos a escola ser universalizada, mais a situamos no centro de uma crise. E, além disso, essa crise é "debitada na conta" dos professores e sua formação. Para compreender essa crise, que se tornou componente inerente à educação escolar, o autor leva-nos até a origem da formação do mundo moderno para situar-nos em relação ao projeto civilizatório que dele brota. Os princípios da universalidade, da individualidade e da autonomia, elaborados e defendidos no âmbito do racionalismo, do cientificismo e da revolução cultural ocorrida entre os séculos XV e XVIII nutriram a ideia de que o homem é sujeito de sua história. Paralelamente a isso, e no bojo das grandes transformações sociais e políticas que se seguiram nos séculos XIX e XX, a instituição escolar foi ganhando centralidade na vida social.

Para um mundo inteiramente novo seria necessária uma nova educação: uma educação alicerçada na razão e no método científico, voltada à esfera pública da vida coletiva e à formação dos cidadãos. A preocupação com o estabelecimento de normas sociais fomentou não apenas a criação e a disseminação de escolas por todo o globo, mas também a formação de seus profissionais, vistos a partir de então como principais agentes da emancipação humana e da transformação social. Tal compreensão teve grande adesão na esfera pública brasileira a partir do século XIX, cujas implicações foram analisadas pelos autores que vêm em seguida.

Relevante discussão sobre as origens da Escola Normal foi feita pela professora Eliane Marta Teixeira Lopes. Ora assumindo o lugar da Escola Normal, ora assumindo o lugar da normalista, a autora conduz o leitor a uma profunda reflexão sobre esse "dedo em riste" que censura educadores e suas instituições de origem por não alcançarem aquilo que – para eles sozinhos – é inalcançável. Transitando entre significados e epítetos, a autora mostra-nos que tais instituições foram inicialmente concebidas como "lugares de busca do saber" e transformaram-se paulatinamente em "lugares de normalidades". Nas palavras da autora: "Passados 180 anos ainda buscam quem há de fazer de mim [Escola Normal] a solução para formar bons professores. E, no entanto, há uma mesmice, uma tal pregnância...".

Pregnância que, entre outras formas, manifesta-se no argumento de que a baixa qualidade da educação básica brasileira tem como principal causa a formação precária dos docentes. Isso a despeito das "miseráveis condições materiais das escolas", das "abjetas condições de trabalho", da "ausência de carreiras e salários que deem para viver com conforto e com possibilidades de ampliar horizontes".

Ampliando essa discussão, o professor Carlos Roberto Jamil Cury faz uma longa e necessária incursão pelos documentos legais e pelas cinco modalidades de formação por eles instituídas: o curso Normal em nível médio, o Curso Normal Superior, o curso de Pedagogia, os cursos de licenciatura e a formação pedagógica para bacharéis. No percurso histórico apresentado por Cury, é notável a evolução dos dispositivos legais e das concepções que os animam. Como ele mesmo sinaliza, a legislação e as normatizações "oferecem dimensões abertas, exigentes e democráticas". Sua execução, contudo, esbarra nas condições objetivas para a formação e o exercício da docência, conforme analisado também em outros textos deste livro.

Dentre essas condições, Cury chama atenção para a flagrante desvalorização do magistério e o consequente estado de "desânimo" em relação ao futuro e ao ambiente escolar em que se encontram os professores. Frente a esse estado de coisas, o autor lança-nos algumas perspectivas e desafios como a necessária valorização do magistério, a redistribuição de renda e a diminuição das desigualdades sociais.

Seguindo esse mesmo espírito, o professor Dermeval Saviani propõe uma reflexão sobre a natureza dos cursos de formação de professores no Brasil, dando destaque aos dois modelos a ele subjacentes: o modelo dos conteúdos culturais-cognitivos e o modelo pedagógico-didático. Como sinalizado por Cury, Saviani também chama a atenção para os problemas históricos que dão forma às políticas de formação de professores no Brasil.

O autor avança um pouco mais na discussão proposta, mostrando que no cerne dessas políticas estão aqueles dois modelos de formação: o primeiro cuja ênfase está nos conteúdos culturais-cognitivos, ou seja, "na cultura geral e no domínio específico dos conteúdos da área do conhecimento correspondente à disciplina que o professor irá lecionar", o segundo cuja preocupação está na efetiva preparação do professor para o exercício da docência.

De forma muito contundente, Saviani demonstra como o primeiro modelo sobrepôs-se ao segundo e como este último não conseguiu lançar raízes e consolidar uma formação que tivesse como referências a prática e o cotidiano da sala de aula. Decorrem daí as dificuldades enfrentadas por muitos professores para construírem uma experiência fortalecida na reflexão sobre a própria prática e na atitude crítica e transformadora frente às suas condições objetivas de vida e trabalho.

As mesmas fragilidades e os mesmos limites são indicados por Bernardete Gatti. Em seu texto, a professora e pesquisadora indica que ao longo dos últimos dois séculos da história brasileira a escola passa a ser vista como um direito social por significativa parte da população. Ao mesmo tempo, no entanto, não houve uma clareza sobre o perfil desejado dos profissionais da educação, o que impacta e corrobora a descaracterização progressiva da formação que lhes é conferida. Portanto, a formação de professores só será assumida como preocupação no início do século XXI, e sob pressão das condições da educação básica e das pesquisas a elas referidas.

A partir dessa época, os documentos reguladores da formação de professores buscaram apresentar uma concepção de docência alinhada com os temas em destaque no debate público e no ambiente acadêmico, "considerando valores éticos, linguísticos, estéticos e políticos do conhecimento" e o "diálogo constante entre diferentes visões de mundo". Mas como alerta Gatti, os documentos em si não são "atuantes", pois dependem de ações concretas. É a partir dessa compreensão que a autora tratará das transformações que precisam ocorrer dentro dos cursos de formação, mais especialmente dentro das próprias instituições responsáveis por tal formação.

Das instigantes proposições trazidas pela autora, uma merece ser destacada, inclusive pelo diálogo que estabelece com o tempo presente. Referimo-nos à defesa da necessidade de "atribuir dignidade à formação e ao trabalho dos professores", valorizando as práticas profissionais próprias do trabalho docente e entendendo-as como atos sociais da maior relevância.

Por fim, a professora Samira Zaidan encerra esta coletânea trazendo com clareza e de forma inequívoca cinco aspectos centrais na formação de professores atuantes na construção de uma "escola pública, democrática, inclusiva e de qualidade". O primeiro deles está relacionado à compreensão de que o foco da formação precisa ser o educando, ou seja, é necessário instrumentalizar o professor para conhecer seus alunos em sua integralidade. O segundo aspecto é o da experienciação de relações dialógicas que possam ser replicadas e mantidas em todos os níveis de escolarização e atuação, garantindo práticas democráticas e inclusivas. O terceiro aspecto diz respeito aos programas de formação que devem ser compostos por conceitos científicos básicos, garantindo, sobretudo, o estudo do currículo da educação básica e o aprofundamento necessário à mediação segura e eficiente dos processos de aprendizagem. Um quarto, igualmente relevante, é o trabalho na perspectiva da transdisciplinaridade e da compreensão da complexidade dos fenômenos sociais e cotidianos a partir do diálogo entre áreas disciplinares e saberes diversos. E, finalmente, o quinto aspecto está relacionado ao local dessa formação, que, conforme a autora, precisa dar-se nas universidades, mas em relação intrínseca com as escolas de educação básica.

Frente aos novos e aos antigos desafios da educação básica no Brasil, o debate conduzido pelos autores nos textos aqui reunidos, mais do que limites apontam possibilidades e movem-nos e convocam à luta e à defesa da escola e de seus profissionais, porque vontade não é o que falta. Desejamos a todos uma ótima leitura; uma leitura prenhe de reflexão e de vida!

REFERÊNCIAS

AZEVEDO, Fernando et al. *Manifesto dos Pioneiros da Educação Nova (1932) e dos Educadores (1959)*. Recife: Fundação Joaquim Nabuco; Massangana, 2010.

CORRÊA, Mariza. A revolução dos normalistas. *Cadernos de Pesquisa*, São Paulo, n. 66, p. 13-24, 1988.

NAGLE, Jorge. A educação na Primeira República. *In*: FAUSTO, Boris (org.) *História geral da civilização brasileira*. Tomo III: O Brasil Republicano. v. 2: Sociedade e instituições (1889-1930). Rio de Janeiro: Difel, 1977.

PREFÁCIO

No interior dos debates e nas investigações sobre a história das/os intelectuais há uma perspectiva de se considerar, seguindo as orientações teóricas e metodológicas de Charles Tilly,[4] os repertórios mobilizados por essas pessoas – singularmente consideradas ou por seus coletivos – quando atuam nos espaços e nos debates públicos ou em suas redes profissionais. Os colóquios, os cursos, os panfletos, os manifestos, os encontros e os seminários, para dizer apenas de alguns desses repertórios, são, também, lugares e espaços de sociabilidade e modo de atuação pública.

Desde que foram iniciados, em 2007, e enquanto duraram (até 2019), os seminários anuais do Projeto Pensar a Educação, Pensar o Brasil – 1822/2022 reuniram quase uma centena de pessoas pesquisadoras de várias regiões do Brasil e das diversas áreas do conhecimento, e que atuam da educação infantil à pós-graduação, para proferirem conferências sobre os grandes temas da educação brasileira neste início de século XXI.

Seja debatendo o próprio lugar dos intelectuais no espaço público e na educação, seja discutindo temáticas como a qualidade da educação pública, o público e o privado na educação, as relações com a América Latina, a universidade e a cidade, as Conferências dos seminários anuais mobilizaram, presencialmente ou por meio das plataformas digitais, estudantes e docentes do ensino superior e uma gama considerável de profissionais da educação básica.

Esse foi o caso, também, do Seminário de 2015, momento em que se colocou em primeiro plano a discussão da formação docente no Brasil. Aproveitou-se a efeméride dos 180 anos do aparecimento, na legislação de várias províncias do Império, de referências à criação das Escolas Normais, ou seja, das primeiras instituições de formação de professoras/es no país, para indagar o estado da questão quase dois séculos depois.

O livro *Formação de professores/as no Brasil: das Escolas Normais à pós-graduação*, organizado por Fabiana da Silva Viana e João Valdir Alves de Souza, traz, muito oportunamente, um balanço das grandes questões que animaram o Seminário de 2015, publicando agora os textos que foram nele apresentados pelas/os conferencistas.

---

[4] ALONSO, Ângela. Repertório, segundo Charles Tilly: a história de um conceito. *Sociologia e Antropologia*, Rio de Janeiro, v. 2, p. 21-41, 2012.

Há de notar o leitor ou a leitora que, em 2015, estávamos na antessala do golpe de 2016 e nem de longe imaginávamos o país em vias de destruição pelas poderosas mãos dos capitais nacional e internacional e pelos milicianos de todas as espécies que tomaram de assalto a República brasileira. E, no meio do caminho, houve a pandemia e a necropolítica posta em prática pelo governo de Jair Bolsonaro e seus apoiadores nos diversos quadrantes do território e das instituições brasileiras. E, não menos importante para o que é oferecido neste livro, houve mudanças na legislação acerca da formação de professores no país.

Várias coisas poderiam levar a crer, portanto, que os textos apresentados no Seminário de 2015 estariam, pois, defasados, fora de contextos, desatualizados. No entanto, em que pese ligeiras atualizações propostas pelos autores e pelas autoras, os textos guardam grande atualidade.

Poder-se-ia argumentar, por um lado que, nesse assunto, as mudanças são tão lentas que são quase imperceptíveis no curto espaço de oito anos, o que seria em parte correto. Isso porque são quase dois séculos de repetidos lamentos sobre a falta de formação das professoras e dos professores que atuam no que hoje chamamos educação básica no Brasil. Por outro lado, não é menos verdade que os textos ora (re)apresentados na forma de capítulos de livros tocam em questões candentes e estruturantes da formação docente e da educação brasileira e daí retiram sua atualidade.

Seja porque é vista como uma solução para todos os males que afligem a educação, seja porque, de fato, constitui-se numa dimensão nodal da profissão docente, a formação aqui comparece, mais uma vez, com a centralidade e, em certo sentido, com o frescor das melhores abordagens sobre o tema. Ou, dizendo de outra forma, inscrevendo-se no interior de um tema e de uma área, a formação de professoras/es, sobre os quais muito já se disse, os autores e as autoras conseguem trazer questões substantivamente novas, e isso sem deixar de passar pelas velhas e surradas perguntas que estão sempre a incomodar-nos. Por esses motivos, mas também por muitos outros encantos que o leitor e a leitora descobrirão no transcurso da leitura, este é um livro que merece ser lido!

Recife, 17 de outubro de 2023.

Prof. Luciano Mendes de Faria Filho

Prof. titular de História da Educação (UFMG)

1

FORMAÇÃO DE PROFESSORES/AS NO CONTEXTO DO PROJETO CIVILIZATÓRIO DA MODERNIDADE

JOÃO VALDIR ALVES DE SOUZA

INTRODUÇÃO

Um olhar minimante atento ao debate sobre educação escolar na atualidade constatará, inevitavelmente, que vivemos um paradoxo e uma impropriedade. O paradoxo é que quanto mais falamos sobre a importância da educação escolar – e, efetivamente, testemunhamos a universalização da escola – maior é a sensação de que ela está em crise.[5] A impropriedade é debitar essa crise na conta dos professores e em sua formação. Se é verdade que é preciso aprimorar sempre os processos de formação e desenvolvimento profissional docente, é pelo menos questionável assentar a primazia do trabalho docente na tão desejada reconstrução social por meio da educação.

Hoje, qualquer discussão sobre formação de professores, inclusive para compreender essa crise na educação, precisa necessariamente considerar a constituição do mundo moderno, a consolidação da escola como uma de suas instituições centrais e o papel reservado aos professores como seus principais personagens, seus "intelectuais orgânicos", para usar um conceito do filósofo italiano Antonio Gramsci.[6] Por isso mesmo é preciso entender quais são os eixos estruturadores do mundo moderno e em que consistia o projeto civilizatório da modernidade. Por extensão, é preciso compreender como a escola constituiu-se como elemento importante desse projeto, qual era a sua promessa e que implicações isso teve na formação dos trabalhadores da educação.

---

[5] ARANHA, Antônia Vitória; SOUZA, João Valdir Alves de. As licenciaturas na atualidade: nova crise? *Educar em Revista*, Curitiba, v. 50, p. 69-86, 2013.

[6] SOUZA, João Valdir Alves de. Gramsci, a disciplina e organização da cultura. *Educação em Revista*, Belo Horizonte, v. 13, n. 29, p. 31-44, 1999.

Na tentativa de trazer alguns elementos para a reflexão a esse respeito, este texto tem o propósito de responder o mais didaticamente possível a quatro questões: 1) O que é o mundo moderno?; 2) Em que consistia o projeto civilizatório da modernidade?; 3) Qual era a tarefa esperada da educação e como a escola se constituiu numa instituição central na modernidade?; 4) O que significa formar professores para atuar nessa instituição?

1.1 O MUNDO MODERNO

Desde quando ingressamos na escola, começamos a familiarizarmo-nos com uma terminologia recorrente nos livros de História que consiste em dividir o tempo, numa dimensão linear, em Antiguidade, Idade Média, Idade Moderna e Idade Contemporânea. A despeito de revisões recentes, que consistiram em questionar uma datação precisa na demarcação entre uma época e outra, é inegável que ainda é recorrente a ideia de que a Idade Moderna é o período histórico que se situa entre os séculos XV e XVIII.

Mas o que é esse mundo moderno, que não pode ser confundido com a Idade Moderna? Dada a vastíssima bibliografia a esse respeito e reconhecido o amplo leque de análises possíveis,[7] vou limitar-me ao apontamento de duas chaves de leitura, uma que se refere a recortes temporais e outra que se refere a categorias de análise. Qualquer que for o ponto de partida para a análise da modernidade, contudo, é preciso considerar pelo menos três dos seus elementos constitutivos: 1) sua incessante dimensão inovadora, com elevado poder de influenciar a vida das pessoas; 2) o prolongamento dessa novidade no tempo; 3) a capacidade de expandir-se para além do local de origem da inovação. Visto por essa perspectiva, tanto podemos incluir no mundo moderno os dois séculos subsequentes, conforme Marshall Berman,[8] quanto retroceder até o século XIII, como fez Henrique de Lima Vaz,[9] ao aportar as origens da modernidade nas tensões características do nascimento da instituição universitária.

---

[7] Ver, por exemplo: ADORNO, Theodor; HORKHEIMER, Max. *Dialética do esclarecimento*: fragmentos filosóficos. Rio de Janeiro: Jorge Zahar Editor, 1985; WILSON, Edmund. *Rumo à Estação Finlândia*: escritores e autores da história. São Paulo: Companhia das Letras, 1986; BERMAN, Marshall. *Tudo que é sólido desmancha no ar*: a aventura da modernidade. São Paulo: Companhia das Letras, 1982; ROUANET, Sergio Paulo. *Mal-estar na modernidade*: ensaios. São Paulo: Companhia das Letras, 1993; HARVEY, David. *A condição pós-moderna*: uma pesquisa sobre as origens da mudança cultural. São Paulo: Loyola, 1993; TOURAINE, Alain. *Crítica da modernidade*. 2. ed. Petrópolis: Vozes, 1995; PAULA, João Antônio de. *Raízes da modernidade em Minas Gerais*. Belo Horizonte: Autêntica, 2000; VAZ, Henrique C. de Lima. *Raízes da modernidade*. São Paulo: Loyola, 2002.

[8] BERMAN, 1988.

[9] VAZ, 2002.

Primeiramente, vejamos como Berman tratou da questão, em livro que exerceu forte influência nas análises recentes sobre a modernidade. A despeito de a palavra "moderno", como sinônimo de novidade, ter aparecido no nosso vocabulário nos primórdios do cristianismo,[10] somente a partir do século XV essa novidade foi significativa a ponto de caracterizar uma Era. E foi, de fato, o conjunto das transformações ocorridas na Europa nos séculos seguintes (Renascimento, Reforma, Racionalismo, Cientificismo, Expansionismo, Colonialismo, Revoluções Burguesas, Iluminismo) que levou historiadores a identificarem o período que vai do século XV ao XVIII como Idade Moderna. Para dizer o mínimo, trata-se de uma época em que se realizou a transição do modo de produção feudal para o modo de produção capitalista, o que não é pouca coisa.

Mas é claro que o mundo moderno não se confunde com a Idade Moderna. Esse período é efetivamente caracterizado por extraordinária inovação, em todas as esferas da realidade, o que põe o "mundo de ponta--cabeça", para usar a expressão de Christopher Hill, na leitura que fez sobre a Inglaterra de meados do século XVII.[11] Segundo Berman, contudo, trata-se de um período que constitui apenas a primeira fase da era moderna.

> Na primeira fase, do início do século XVI até o fim do século XVIII, as pessoas estão apenas começando a experimentar a vida moderna; mal fazem ideia do que as atingiu. Elas tateiam, desesperadamente mas em estado de semicegueira, no encalço de um vocabulário adequado; têm pouco ou nenhum senso de um público ou comunidade moderna, dentro da qual seus julgamentos e esperanças pudessem ser compartilhados.[12]

Ao dar voz aos autores que leram, ao seu tempo, essa realidade em transformação, Berman realiza uma exaustiva leitura do *Fausto*, de Goethe, "que expressa e dramatiza o processo pelo qual, no fim do século XVIII e início do seguinte, um sistema mundial especificamente moderno vem à luz".[13] Mas a quem ele atribui os créditos por ser a principal pessoa a dar-se conta da dimensão explosiva dessas transformações revolucionárias da primeira fase da modernidade é Jean-Jacques Rousseau, o primeiro, segundo ele, a

---

[10] LE GOFF, Jacques. *História e memória*. 3 ed. Campinas: Editora da Universidade Estadual de Campinas, 1994.
[11] HILL, Christopher. *O mundo de ponta-cabeça*: ideias radicais durante a revolução inglesa de 1640. São Paulo: Companhia das Letras, 1987.
[12] BERMAN, 1988, p. 16.
[13] BERMAN, 1988, p. 41.

utilizar a palavra *moderniste* no sentido em que ela tornou-se corrente nos séculos XIX e XX.

É justamente no século XIX que Berman situa a segunda fase da modernidade. E a modernidade é, para ele, o conjunto das experiências vitais – "experiência de tempo e espaço, de si mesmo e dos outros, das possibilidades e perigos da vida" – compartilhadas por homens e mulheres em todo o mundo, hoje. Mesmo que esse "hoje" possa ser lido como a época em que Rousseau falou do "turbilhão social", ou de quando Marx escreveu que "tudo que é sólido desmancha no ar", ou de quando Berman escreveu o livro, e que nem todos os autores compartilhem do entendimento da modernidade à maneira de Berman, não há dúvida de que um dos elementos centrais da era moderna, sobretudo no século XIX, é a dimensão da contradição, da ambiguidade, do paradoxo e da angústia. Ela é promessa, projeto e utopia; mas ela é, também, vicissitude, embotamento e entropia, sobretudo quando avançamos para o século XX, a terceira fase da modernidade, segundo Berman. E é nesse contexto que é necessário ler as promessas e os limites da educação e da escola.

Essa segunda fase da modernidade identificada por Berman começa com a onda revolucionária do final do século XVIII e atravessa todo o século seguinte. A Inglaterra, que já havia realizado uma revolução no campo político ao final do século XVII, marcou a história econômica com o conjunto de transformações que ficaram conhecidas como Revolução Industrial. A França, que havia sido o palco da mais conhecida das Revoluções Burguesas, a de 1789-1798, torna-se novamente o cenário de grandes movimentos revolucionários, como em 1830, 1848 e 1871. Nessa segunda fase, em especial a partir da segunda metade do século, a modernidade manifesta-se de modo radicalmente distinto em relação ao que havia caracterizado a primeira fase da era moderna.

> Com a Revolução Francesa, e suas reverberações, ganha vida, de maneira abrupta e dramática, um grande e moderno público. Esse público partilha o sentimento de viver em uma era revolucionária, uma era que desencadeia explosivas convulsões em todos os níveis de vida pessoal, social e política. Ao mesmo tempo, o público moderno do século XIX ainda se lembra do que é viver, material e espiritualmente, em um mundo que não chega a ser moderno por inteiro. É dessa profunda dicotomia, dessa sensação de viver em dois mundos simultaneamente, que emerge e se desdobra a ideia de modernismo e modernização.[14]

---
[14] BERMAN, 1988, p. 16.

Ao dar voz aos autores que leram essa realidade em transformação, Berman destaca dois nomes no campo da literatura e dois no campo da filosofia. Na literatura, essas vozes são as de Fiódor Dostoievski e Charles Baudelaire, ambos originais leitores do mundo urbano que então se constituía. Eles criaram as "cenas primordiais modernas: os encontros cotidianos na rua da cidade, elevados à primeira intensidade",[15] sobretudo Baudelaire escrevendo sobre o brilhante mundo novo que se estampava diante do *boulevard*, a "mais espetacular inovação urbana do século XIX, decisivo ponto de partida para a modernização da cidade tradicional".[16]

Na filosofia, Berman identifica as vozes de Friedrich Nietzsche e Karl Marx. São vozes modernistas por excelência, diz ele, por um lado porque conseguiram captar vigorosamente todo o drama que era viver em um mundo tão contraditório, paradoxal e conflituoso. Por outro lado, porque visualizaram, principalmente Marx, a possibilidade da sua superação por obra e arte dos próprios homens em ação, os operários, "homens de vanguarda que são uma invenção dos tempos modernos, tanto quanto o próprio maquinário".[17]

Deve-se observar, contudo, que esse brilhante mundo novo abria-se cada vez mais também às contradições do sistema que se consolidava. Ao mesmo tempo em que se constitui como período promissor, o século XIX é também um período marcado por grandes revoluções sociais, movidas exatamente por aqueles que começaram a se sentir excluídos do processo. Começava a ficar claro que uma coisa é a promessa, o projeto, a utopia que alimentava os ideais de igualdade e de fraternidade universais; outra é a realidade concreta tal qual tem se desdobrado ao longo desses dois séculos de expansão modernizadora do capitalismo. O próprio Berman, herdeiro de uma das mais vitais tradições do marxismo, aquela que não perde de vista uma autocrítica consistente, parece pouco confiante nessas promessas. "Dizer que nossa sociedade está caindo aos pedaços é apenas dizer que ela está viva e em forma".[18]

Esse é um diagnóstico crucial realizado por muitos autores que se ocuparam de pensar a modernidade do século XX, a terceira fase de que Berman trata. Segundo ele, o século XX caracteriza-se por ser uma época em que não há qualquer canto do mundo que tenha sido capaz de proteger-se do "beijo da morte da modernidade". E, ainda, que "o processo de moderni-

---

[15] BERMAN, 1988, p. 217.
[16] BERMAN, 1988, p. 145.
[17] MARX *apud* BERMAN, 1988, p. 19.
[18] BERMAN, 1988, p. 94.

zação se expande a ponto de abarcar virtualmente o mundo todo, e a cultura mundial do modernismo em desenvolvimento atinge espetaculares triunfos na arte e no pensamento".[19]

Contudo, apesar da abertura a tantas possibilidades construtivas e de efetivamente poder ser lido como uma época de grandes realizações, o século XX é, também, uma época em que a humanidade conheceu atrocidades inimagináveis para os tão celebrados princípios da racionalidade e todos os ideais emancipatórios que dela brotaram. As duas guerras mundiais, os totalitarismos, a crescente desigualdade entre ricos e pobres, a revanche do pensamento ultraconservador, tudo isso passou a exigir um sistemático questionamento do projeto civilizatório da modernidade e seu ideário emancipacionista.

Os teóricos do século XX a quem Berman dá voz para expressar ceticismo em relação às perspectivas da emancipação humana são Max Weber e Michel Foucault, mestres da suspeita. E é importante prestar atenção a essas vozes para que se torne possível compreender a mudança de expectativa sobre o papel da escola naquilo que, na segunda metade do século, levou o nome de "paradigma da reprodução".[20]

Se o exercício que Berman faz permite-nos compreender a modernidade como a produção do novo em larga escala e a modernização como impulso transformador que leva as pessoas a compartilharem diferentes experiências a cada momento, num incessante processo ao longo desses últimos quinhentos anos, outros autores permitem-nos ler a modernidade a partir de algum critério aglutinador de algumas de suas características mais marcantes. Esse é o exercício levado a efeito, por exemplo, por João Antônio de Paula, a quem recorro para tentar esclarecer, afinal, quais são alguns dos eixos estruturadores do mundo moderno. O que era "moderno" na Idade Moderna? Em que consistia essa novidade tão marcante a ponto de caracterizar uma época como Idade Moderna?

No livro *Raízes da modernidade em Minas Gerais*, uma obra-prima que bem sintetiza a história desse estado, o autor afirma que, por serem muito amplas as implicações da modernidade, é preciso estabelecer algum "critério aglutinador" para que se fixe o que há de essencial no processo. E o que

---

[19] BERMAN, 1988, p. 16.
[20] NOGUEIRA, Maria Alice. A sociologia da educação no final dos anos 60/início dos anos 70: o nascimento do paradigma da reprodução. *Em aberto*, Brasília, v. 9, n 46, p. 49-58, 1990; SAVIANI, Dermeval. *Escola e democracia*. 25. ed. São Paulo: Cortez; Autores Associados, 1991; SOUZA, João Valdir Alves de. Paradigma da Reprodução. *Presença Pedagógica*, Belo Horizonte, v. 24, p. 48-55, 2018.

ele modestamente aponta como "uma primeira aproximação" ao que há de fundamental na "tessitura da modernidade", tanto no que há de significados quanto no que produziu de implicações para o futuro da humanidade, pode ser identificado em quatro grandes eixos estruturantes: o Estado Nacional moderno, no ordenamento da política; a divisão do trabalho e o mercado global, no campo econômico; a centralidade da razão instrumental na orientação do cálculo da relação entre meios e fins, na perspectiva científico-filosófica; e a revolução cultural que fundamenta a modernidade como projeto, na esfera sociocultural. Vejamos, em notas sintéticas, alguns dos elementos constitutivos desses quatro eixos.

Primeiramente, na esfera política, nenhum estudo sobre a educação e a história dos processos de escolarização pode passar ao largo da referência ao Estado Nacional moderno. Sem compreender em que ele consiste fica difícil compreender o recorrente lema segundo o qual a educação é direito do cidadão e dever do Estado. Sem compreender em que é que consiste o Estado moderno, não é possível, também, compreender em que consistem os atuais sistemas nacionais de ensino. Mas o que é, então, o Estado Nacional moderno? O que há de central tanto na diversidade das abordagens teóricas quanto na tomada dos casos concretos constituídos historicamente? Nas palavras de João Antônio de Paula, trata-se de uma forma específica de organização do poder

> [...] cujas características estabelecidas por Maquiavel talvez possam ser caracterizadas como a constituição de uma esfera de organização política, cujo poder normatizador-coercitivo é exercido por uma estrutura autônoma, apontando decisivamente para a hegemonia do interesse público sobre os interesses privados. São essas promessas do "Estado moderno" que fizeram dele uma das instituições centrais da modernidade.[21]

Vasta é a produção bibliográfica que trata daquilo que pode ser incluído no rol de referências sobre a Teoria Geral do Estado.[22] Por conseguinte, vasta também é a produção que pode ser identificada como Teoria das Formas de Governo e dos variados regimes políticos.[23] Nada disso confunde-se entre

---

[21] PAULA, 2000, p. 16.
[22] BOBBIO, Norberto; MATTEUCCI, Nicola; PASQUINO, Gianfranco (org.) *Dicionário de política*. Brasília: Editora da Universidade de Brasília, 1993. 2 v.; DALLARI, Dalmo de Abreu. *Elementos de teoria geral do estado*. 19. ed. São Paulo: Saraiva, 1995; AZAMBUJA, Darcy. *Teoria geral do estado*. 4. ed. ver. ampl. e atual. São Paulo: Globo, 2008; DURKHEIM, Émile. *Lições de sociologia*: física dos costumes e do direito. São Paulo: Edipro, 2015.
[23] BOBBIO, 1993; WEFFORT, Francisco (org.) *Os clássicos da política*. São Paulo: Ática, 2001. 2 v.; BOBBIO, Norberto. *A teoria das formas de governo na história o pensamento político*. São Paulo: Edipro, 2017.

si e com as experiências de Estado e governo concretamente tomadas no curso da história. Desde as primeiras experiências históricas que marcaram, por exemplo, a formação de Portugal, França, Espanha e Inglaterra, cujos antecedentes remontam ao período que vai do século XII ao XV, com a delimitação de um território, a unificação de uma língua nacional e a centralização do poder político, até as experiências de unificação da Itália e da Alemanha, já em meados do século XIX, muito há que se dizer sobre o que significa Estado Nacional, o que não é o caso para um pequeno texto que se pretende didático como este. De qualquer modo, à organização do aparato burocrático-institucional do Estado moderno correspondeu a emergência de uma concepção de relação entre os homens sem precedentes na história humana.

Somente no Estado moderno tiveram lugar as ideias de democracia como valor universal e de cidadania como expressão do direito de todos, dentre eles o direito à segurança, à liberdade e à educação. Ao Estado moderno foi atribuída a tarefa não apenas de produzir as normas reguladoras da vida social, mas também de assegurar que os regulamentos estabelecidos deveriam ter a mesma validade para todos. Como muitos desses regulamentos entraram em choque com outro poder normatizador, o da Igreja, um dos elementos centrais da história da modernidade é a luta estabelecida entre essas duas instituições pela disputa de hegemonia no campo da cultura.

Se, na esfera política, o Estado moderno é, ao mesmo tempo, expressão de uma novidade e promessa de reordenamento social, na esfera econômica o que caracteriza a era moderna é um novo modo de produzir e fazer circular mercadorias. Em outras palavras, tomando como referência a leitura de Marx, trata-se da revolução trazida pela divisão do trabalho no processo produtivo e de como esse processo atinge um mercado mundial, efetivamente global. À centralidade que o Mediterrâneo havia constituído ao longo de milênios contrapôs-se, primeiramente pelo expansionismo via Atlântico e, posteriormente, para todo o globo, em poucos séculos, toda uma efetiva e interligada rede de trocas que responde pelo nome de globalização.

> Trata-se, não de estabelecer a inexistência do mercado no que antecedeu à época moderna, senão que constatar a sua generalização, a universalização dos seus resultados, a sua virtual hegemonia sobre todas as relações econômicas, a transformação da terra, da natureza, do trabalho em mercadorias,

as fantásticas possibilidades de aumento da produtividade do trabalho, criadas pela divisão técnica e social do trabalho e ressaltada pelos teóricos da economia política clássica.[24]

Nos séculos seguintes, o impulso modernizador da organização do trabalho e da distribuição do poder passou a implicar também não somente a necessidade de ampliar a escolarização, mas submeter a organização do ensino escolar ao modo como se organiza a produção de mercadorias. Modernizar quer dizer, sobretudo, racionalizar, isto é, submeter toda a organização da produção de bens materiais e do saber a critérios definidos e calculados racionalmente. Além da esfera política e da esfera econômica, há, pois, um terceiro eixo estruturante na constituição do mundo moderno. Trata-se da centralidade da razão instrumental na orientação do cálculo da relação entre meios e fins, conforme muito bem analisou Max Weber.

Essa razão instrumental, que está na origem da filosofia e da ciência experimental modernas, provocou uma revolução filosófica, científica e tecnológica que mudou radicalmente não apenas o modo de conhecer o mundo, mas, acima de tudo, o entendimento de como poderíamos interferir nele. Trata-se de uma época de muita novidade para a filosofia, que tem em René Descartes e Francis Bacon as referências fundamentais de uma nova concepção de razão. Ainda que as origens do processo possam ser buscadas nos séculos finais da Idade Média, é no século XVII que seu amadurecimento revela-se plenamente. Racionalismo é palavra-chave para designar essa época, seja em sua vertente idealista, seja em sua vertente empirista.

Trata-se, igualmente, de uma época inovadora para a ciência, em vários campos do conhecimento, que tem como referências Nicolau Copérnico, Joannes Kepler, Francis Bacon, Galileu Galilei, Isaac Newton e muitos outros realizadores de grandes descobertas que revolucionaram as concepções até então vigentes sobre o universo e o lugar que ocupamos nele. Razão e ciência começam a dar os primeiros passos no conhecimento sistemático do mundo natural e a reivindicar uma nova forma de ordenamento do mundo social. A essa época pode-se creditar, sem dúvida, o nascimento da ciência moderna, a ciência do laboratório e da utilização de equipamentos cada vez mais sofisticados na produção e na difusão do conhecimento. Cientificismo é outra palavra-chave dessa época.

Trata-se, ainda, de uma época revolucionária no campo da tecnologia, particularmente em decorrência do advento e da utilização do telescópio e

---

[24] PAULA, 2000, p. 16.

do microscópio como instrumentos que ampliaram a capacidade natural de observação, tanto em direção ao infinitamente grande e distante quanto em direção ao infinitamente pequeno, potencializando, de modo extraordinário, a nossa capacidade de compreender o mundo.

Fenômenos até então vistos à luz do sobrenatural e explicados única e exclusivamente pela dimensão religiosa são submetidos ao crivo do método científico moderno e o crescente grau de intelectualização que caracteriza o que Weber chamou de "desencantamento do mundo".[25] Razão, ciência e tecnologia começam a constituir-se como um motor da nova era. Época das revoluções científico-tecnológicas é outra referência corrente para esse período.

Finalmente, há um quarto eixo estruturante, que é a revolução cultural que fundamenta a modernidade como projeto. João Antônio de Paula limita-se a pontuar a "constituição da individualidade" e a "afirmação da separação entre a esfera pública e a esfera privada, na consolidação da subjetividade como critério de ação e aferição ética".[26] Mas são muitos os autores que centram suas análises sobre a modernidade exatamente naquilo que ela tem de afirmativo, de propositivo, de horizonte a ser visualizado e expresso na ideia-força de que os homens são sujeitos da história. E a ideia de progressos material e moral da sociedade começa efetivamente a ganhar força.

1.2 O PROJETO CIVILIZATÓRIO DA MODERNIDADE

Um desses autores é Sérgio Paulo Rouanet, e ele faz um diagnóstico severo do nosso tempo ao afirmar categoricamente: "O que está em crise é o projeto moderno de civilização, elaborado pela Ilustração europeia a partir de motivos da cultura judeo-clássica-cristã e aprofundado nos dois séculos subsequentes por movimentos como o liberal-capitalismo e o socialismo".[27] Em que consistia esse projeto? E qual era a sua promessa?

Recuperando aqui o que já foi esboçado em outros textos,[28] defendo que, de certa forma, todo projeto traz uma promessa, seja na esfera individual, seja na coletiva. Mesmo que a palavra "promessa" tenha ficado cada vez mais

---

[25] WEBER, Max. *Metodologia das ciências sociais*. 2. ed. São Paulo: Cortez; Campinas: Editora da Universidade Estadual de Campinas, 1995.
[26] PAULA, 2000, p. 17.
[27] ROUANET, 1993, p. 9.
[28] ARANHA; SOUZA, 2013; SOUZA, João Valdir Alves de. *Introdução à sociologia da educação*. 3. ed. rev. e ampl. Belo Horizonte: Autêntica, 2015.

circunscrita ao campo religioso (*promissa*, promissão) e "projeto" expresse sua variação secular, racionalizada e submetida ao cálculo da relação entre meios e fins, nada nos impede de ver como promissora uma ideia que encontra campo fértil para sua efetivação. O projeto civilizatório da modernidade de que fala Rouanet era promissor e à escola era atribuída grande responsabilidade para sua realização. Vejamos, inicialmente, em que consistiam os ingredientes conceptuais do projeto civilizatório da modernidade. Em seguida, veremos suas implicações para a educação e para a escola no mundo moderno, particularmente para a formação de professores.

Segundo Rouanet, esse projeto afirmava a razão e o método científico como as únicas fontes de conhecimento válido, rejeitava qualquer concepção do mundo derivada do dogma, da superstição e da fantasia, e sustentava-se em três ingredientes conceituais, quais sejam, a universalidade, a individualidade e a autonomia. Quanto ao ideal da universalidade, significava que o projeto civilizatório visava a todos os seres humanos, independentemente de fronteiras nacionais, étnicas ou culturais. Se Descartes havia afirmado que a razão era inata e, portanto, fator de unificação do humano, a tarefa fundamental era trazer esse postulado filosófico para o terreno da luta política e estabelecer o princípio da igualdade fundamental entre todos. A universalidade tinha sua expressão máxima no Art. 1º da Declaração dos Direitos do Homem e do Cidadão, de 1789, segundo a qual "os homens nascem e permanecem livres e iguais em direitos".[29]

Quanto à individualidade, significava que esses seres humanos seriam considerados enquanto pessoas concretas e independentes e não como parte mecânica da matriz coletiva. A individualidade, diz ele, é um dos elementos constitutivos da modernidade, expressão mais elevada da afirmação do indivíduo face à coletividade. Se a Reforma Protestante havia dado importante impulso à individuação a partir da reivindicação do livre-arbítrio, é o conjunto das mudanças operadas tanto na dimensão econômica (liberalismo econômico) quanto na dimensão política (liberalismo político) que efetivamente romperiam as barreiras mentais que submetiam os indivíduos ao peso das estruturas tradicionais.

A autonomia significava que esses indivíduos deveriam ser aptos a pensar por si mesmos, sem a tutela da religião ou da ideologia (autonomia intelectual), a agir no espaço público como membros participantes e ativos

---

[29] DECLARAÇÃO dos Direitos do Homem e do Cidadão (1789).

do contrato social (autonomia política) e a adquirir, pelo seu trabalho, os bens e serviços necessários à sua sobrevivência material (autonomia econômica).

A autonomia intelectual, diz Rouanet, "estava no cerne do projeto civilizatório da Ilustração. O objetivo básico era libertar a razão do preconceito, isto é, da opinião sem julgamento".[30] Kant é o seu grande artífice, ao propor que o esclarecimento é a capacidade de os homens tornarem-se senhores de si mesmos. Pelo bom uso da razão, deixariam o estado de menoridade intelectual a que tinham sido submetidos por milênios e alcançariam, por seu próprio esforço, a sua maioridade.[31] Esse ideal trazia a expectativa de que a escola seria o lugar da sua realização e, de fato, a pedagogia iluminista deu forma aos primeiros sistemas nacionais de ensino.

A autonomia política dizia respeito à liberdade de ação dos cidadãos no espaço público. Seja na vertente liberal, em que essa liberdade era a garantia de que o cidadão estaria livre da ação arbitrária do Estado, ou na vertente democrática, em que o cidadão era livre para constituir o próprio Estado, a autonomia política trazia para o espaço do debate e da luta política a ideia de que os homens estabelecem contratos sociais para tornar menos árdua a vida em sociedade. A maior expressão desse contrato é o voto, e o sufrágio universal é um dos maiores indicadores do grau de democracia de uma sociedade.

A autonomia econômica trazia como característica básica a ideia de que os homens deveriam ser livres para produzir as condições materiais de existência e que somente o trabalho livre permitiria a eles essa condição. Ao reivindicar o trabalho livre, os pensadores da Ilustração voltavam-se tanto contra a servidão, cujos laços sociais ligavam o servo a um senhor, quanto contra a escravidão, cujo estatuto jurídico apontava o escravo como propriedade de um senhor. Liberdade intelectual, liberdade política e liberdade econômica constituíam, pois, o tripé sobre o qual a individualidade deveria constituir-se. Universalidade, individualidade e autonomia constituíam a tríade orientadora do elevado ideal segundo o qual o homem é o sujeito da história.

Essas são dimensões importantes da novidade que fez da Idade Moderna uma época marcante na história humana. Na modernidade, emergiu e consolidou-se a consciência de que havia não apenas uma nova concepção de

---

[30] ROUANET, 1993, p. 09.
[31] KANT, Immanuel. Resposta à pergunta: que é esclarecimento (Aufklärung)? *In*: KANT, Immanuel. *Textos seletos*. Petrópolis: Vozes, 1974.

razão, mas que sendo universal ela significaria, precisamente, o início de um processo de esclarecimento e a possibilidade da emancipação, individual e coletiva, tão entusiasticamente reivindicados por Immanuel Kant, conforme dito anteriormente. Desenvolvida em consonância com a formação do Estado moderno e das transformações realizadas na esfera econômica, essa nova concepção de razão trouxe o impulso necessário à sua autonomização frente à esfera religiosa, o que resultou em mudanças profundas na estrutura da sociedade, tanto no que se refere à sua base material quanto no que se refere à sua dimensão simbólica.

Simultaneamente às Revoluções Burguesas e suas reverberações – tanto no campo econômico como no político, tanto no social quanto no ideal – verificaram-se os desdobramentos da filosofia do século XVII, cuja principal característica foi o fortalecimento do humanismo. A afirmação da capacidade humana de orientar a sua ação diante dos fenômenos da natureza e de resolver problemas de forma autônoma e racional – o homem como sujeito da história – levou os homens modernos a depositarem uma crença entusiástica na ciência e na razão. Em decorrência disso, com o avançar do tempo, nós, seres humanos, que nos diferenciamos dos animais pela capacidade de raciocinar e de criar, incorporaríamos uma suposta capacidade ilimitada de equacionar e solucionar não apenas os problemas do mundo físico circundante, mas igualmente os dos mundos social, político e econômico. Eis que se desdobrava, então, o projeto civilizatório da modernidade e a elevada expectativa de que a educação seria importante via para sua concretização.

Ainda que o diagnóstico de Rouanet seja o de que esse projeto "faz água por todas as juntas", certamente isso não foi por falta de luta e de ideais elevados. Cada um desses séculos aos quais se pode vincular a modernidade produziu significativas mudanças no curso da história. Ainda que não tenham sido plenamente realizados, esses ingredientes conceptuais orientaram, efetivamente, lutas históricas por transformação social e pela efetivação do projeto, uma vez que é próprio da modernidade ocidental entender o mundo como construção humana e não como desígnio divino.

O entendimento de que o homem é sujeito da história encontrou eco em diversas formulações filosóficas e o que foi transposto para o terreno da luta política teve efetivas repercussões em todas as dimensões da vida social, econômica, política e cultural. *A era das revoluções*[32] e *A era dos direitos*[33] são

---

[32] HOBSBAWM, Eric. *A era das revoluções (1789-1848)*. 4. ed. Rio de Janeiro: Paz e Terra, 1982.
[33] BOBBIO, Norberto. *A era dos direitos*. São Paulo: Campus, 2004.

dois entre muitos títulos que tratam dessas grandes transformações que fundaram o mundo moderno efetivamente em novas bases. E uma das melhores sínteses que permitem amplo entendimento sobre as utopias que o século XIX produziu pode ser lida em *Rumo à estação Finlândia*.[34]

O próprio Marx, no *Manifesto comunista*,[35] aponta essas transformações revolucionárias como obra da burguesia. Cada parágrafo da segunda parte do *Manifesto* destaca alguma façanha das revoluções burguesas. Além de revolucionar as bases materiais da produção, a burguesia revolucionou, também, as estruturas políticas, sociais e culturais, o que fez brotar, efetivamente, um novo ordenamento na sociedade. Além de classe dominante na esfera econômica, a burguesia reivindicava ser classe dirigente. E foi justamente da escola que ela serviu-se para realizar esse desiderato.

1.3 A TAREFA DA EDUCAÇÃO E A CENTRALIDADE INSTITUCIONAL DA ESCOLA NA MODERNIDADE

Ao encerrar-se o século XVIII, um mundo de novidades realmente descortinava-se com as Revoluções Burguesas. E essa novidade não estava circunscrita ao seu local de origem, a Europa. Ela trazia consigo um enorme potencial de produzir mais novidades e de irradiar-se para outras partes do mundo. Os clássicos da Sociologia mostraram-nos não apenas que mundo novo era esse, mas que leituras eram possíveis de serem feitas sobre ele. A partir daí, bibliotecas inteiras foram escritas para mostrar os modos pelos quais esse processo modernizador confronta outras realidades para além do seu centro de origem. Ainda que contraditório, impositivo e, muitas vezes, brutalmente violento, como é próprio dos diversos colonialismos e imperialismos, esse vibrante mundo novo vem carregado de projetos e promessas.[36]

Como foi dito, essa novidade revela-se no modo de produzir e fazer circular mercadorias, numa combinação de divisão do trabalho e incorporação de novas tecnologias ao processo produtivo, numa dinâmica efetivamente global. É esse novo modo de produção que faz emergir novas classes sociais, num ambiente cada vez mais submetido ao domínio do urbano, carregado

---

[34] WILSON, 1982.
[35] MARX, Karl; ENGELS, Friedrich. Manifesto do Partido Comunista. *In*: MARX, Karl; ENGELS, Friedrich. *Textos*. vol. 3. São Paulo: Alfa-Omega, 1977.
[36] IANNI, Octavio. A sociologia e o mundo moderno. *Tempo Social*: Revista de Sociologia da USP, São Paulo, v. 1, n. 1, p. 7-27, 1989; LE GOFF, 1984; WILSON, 1986; GALBRAITH, John Kenneth. *A era da incerteza*. 8. ed. São Paulo: Pioneira, 1986.

de novas potencialidades de organização da vida em sociedade. Ela revela-se, também, no fortalecimento do Estado moderno, com a centralização do poder político e na reivindicação de que cabe a esse Estado a produção das normas reguladoras da vida social. E, ainda, no avanço extraordinário do conhecimento do mundo natural e da vida social e na emergência e na consolidação da ideia de que essa vida social é construção humana e não desígnio divino. Deriva daí não apenas a ideia de que se vive num mundo inteiramente novo, mas que a educação doméstica não é mais capaz de formar o cidadão para habitá-lo. É dessa ideia de habitar um mundo novo que emerge o ideal de que a educação precisa transitar da esfera privada da vida doméstica para a esfera pública da vida coletiva.

De todas as promessas que emergiram desse contexto revolucionário, certamente nenhuma equipara-se em popularidade com aquela que dizia ser a educação um direito do cidadão e um dever do Estado. A partir do final do século XVIII, ampliou-se e difundiu-se esse ideal, que foi amplamente correspondido com a constituição de sistemas nacionais de ensino, o que implicava construir rede física para abrigar os crescentes públicos que demandavam escola; elaborar os currículos organizadores dos percursos escolares; debater e estabelecer os modos mais apropriados para ensinar a todos esses públicos os conteúdos definidos como matérias de ensino; fazer campanhas para que todas as crianças fossem mandadas à escola (primeiro por direito, depois por obrigação) e, claro, formar os professores e as professoras que, em número crescente, esses sistemas demandariam.

É claro que a constituição de sistemas de ensino variou de país para país e nem sempre o processo aconteceu sem percalços dentro das fronteiras de um mesmo território. Para o caso brasileiro, por exemplo, o texto de Dermeval Saviani para este livro mostra as vicissitudes que permearam o elevado ideal de bem formar professores que deveriam levar adiante nosso projeto de educação pública. Mas um olhar panorâmico sobre os processos de escolarização permite-nos apontar, mesmo que apenas para efeito didático, algumas características básicas desse processo: acentuado processo de escolarização das sociedades, tanto em termos de expansão das redes de ensino quanto na extensão do atendimento aos diversos públicos, da educação infantil ao ensino superior; forte correlação entre acesso a diplomas e ocupação de postos mais elevados na hierarquia ocupacional; elevada variação dessa correspondência em consonância com os momentos de expansão/retração da economia, tanto em termos locais quanto globais; forte centralidade da instituição escolar não apenas para a formação de trabalhadores, mas, também, de cidadãos; centralidade da escola como veículo de produção e difusão do conhecimento sistematizado e, por extensão, a afirmação da autoridade do professor como guardião desse conhecimento, ainda que essa centralidade e essa autoridade tenham sido severamente abaladas nas últimas décadas.

Essa escola deveria ensinar e instruir, mas ela deveria também educar, pois começou a ser considerada um lugar importante para o qual todos deveriam ir não apenas para aprender a ler, escrever e contar, mas, sobretudo, para formar uma nova sensibilidade relativamente a esse mundo novo da vida moderna. Entre todos os ingredientes conceptuais do projeto civilizatório da modernidade, aquele que mais se ligou à escola é o da autonomia intelectual, como aposta e promessa de emancipação humana.[37] Nas palavras de Rouanet, a educação e a ciência tinham importância crucial nesse projeto, pois eram as únicas formas de "imunizar o espírito humano contra as investidas do obscurantismo" e substituir o "dogma pelo saber, ou, para usar metáforas da época, dissipar com a luz da verdade as quimeras e fantasias da superstição".[38]

Vemos consolidar-se, pois, ao longo desses séculos que constituem a era moderna, o que se convencionou ser chamado de *forma escolar*. Essa forma escolar, cujas origens podem ser remetidas à Idade Média, conforme amplamente analisado por Emile Durkheim,[39] foi constituída no contexto revolucionário e consolidou-se de tal maneira nos dois séculos seguintes que mesmo em situação de revolução socialista, como no caso soviético, muda-se o que é ensinado e, talvez, o modo de ensinar ou o propósito para o qual o ensino é dirigido, mas não a forma de organizá-lo para difusão ao maior número possível de pessoas.

A esse processo de constituição de uma forma escolar corresponde, também, uma racionalização da pedagogia. Mesmo que se tenha feito severa crítica à pedagogia dos jesuítas, foram eles que deram a primeira grande contribuição à formação do que veio a ser identificado como forma escolar. Os motivos dos jesuítas eram expandir o catolicismo e ganhar almas para o rebanho de Cristo; o dos iluministas era formar o cidadão, homem livre e sujeito de direitos no contexto da República; o dos socialistas era a formação politécnica e omnilateral, assentada na práxis transformadora da realidade

---

[37] KANT, 1974; DURKHEIM, Émile. *A evolução pedagógica*. Porto Alegre: Artes Médicas, 1995; SILVA, Anilde Tombolato T. da; BITTENCOURT, Cândida Alayde de C. A educação para a emancipação: aproximações entre o pensamento de Kant e Adorno. *Educação em Revista*, Marília, v. 14, n. 1, p. 53-64, 2013.

[38] ROUANET, 1993, p. 16.

[39] DURKHEIM, Émile. *A evolução pedagógica*. Porto Alegre: Artes Médicas, 1995.

social. Mas em todos eles estão os germes tanto da racionalização pedagógica quanto da formação da escola de massa. Conforme analisa Georges Gusdorf, citado por Carlota Boto:

> A *Ratio Studiorum*, primeiro monumento de uma pedagogia consciente e organizada, propõe uma racionalização, uma formalização completa dos estudos, detalhadamente regrados de maneira sistemática. Os programas, os métodos, os horários de ensino, os fins e os meios, definidos de uma vez por todas, serão os mesmos de uma ponta a outra no império dos jesuítas, sobre o qual o sol não se deita jamais. Professores intercambiáveis formarão em série alunos semelhantes uns aos outros, segundo os mesmos procedimentos e cerimônias; a unidade da língua latina simboliza e facilita a unidade da fé. O ensino torna-se uma máquina institucional, que pode ser regrada de uma vez por todas e para todos. Essa racionalização da pedagogia é, para a história da cultura, um acontecimento mais importante do que a publicação de um *Discurso do método*, escrito por um antigo aluno dos jesuítas. (grifos do original).[40]

Uma racionalização da pedagogia, ou uma racionalização das formas de ensinar, foi também apontada por Comenius em sua *Didática Magna*: a organização dos tempos escolares, entre tempo de estudos e o recreio; a separação dos conteúdos em matérias de ensino, naquilo que veio a ser a organização do conhecimento em disciplinas e daí em currículo; o ensino voltado para grupos de estudantes, o que levou à seriação etc.

Comenius também manifestou sua opinião de que era preciso ensinar tudo a todos, mas esse elevado ideal ainda precisaria aguardar que condições econômicas, políticas e sociais pudessem instituí-lo como prática. Além disso, somente com Rousseau a especificidade da condição infantil começa a demandar um tratamento específico para realizar na prática os elevados ideais da instrução pública. E essa foi uma das grandes bandeiras que unificaram os iluministas em torno dos ideais que constituíram o projeto civilizatório da modernidade.

Entre os racionalistas e iluministas dos séculos XVII e XVIII havia divergências importantes acerca do que deveria ser a instrução pública. Entre Descartes e Bacon e entre Kant e Locke, no que diz respeito ao primado da razão; entre Rousseau e Voltaire e entre este e Diderot, no que se

---

[40] Gusdorf *apud* BOTO, Carlota. *A escola do homem novo*: entre o Iluminismo e a Revolução Francesa. São Paulo: Editora da Universidade Estadual Paulista, 1996.

refere à abrangência dos públicos escolares; entre Helvetius e Diderot sobre as disposições inatas ou adquiridas etc.

Não há dúvida, contudo, de que um ideal maior unificava-os quando seus postulados filosóficos eram transpostos para o terreno da luta política. A esse respeito é notável o que a publicação da Enciclopédia significou não apenas em termos de sistematização do conhecimento, mas de sua difusão para todo o mundo e o tipo de influência que exerceu na formação de um novo ideal de sociedade humana, como foi muito bem analisado por Carlota Boto.[41]

Depois de Marx ficou fácil fazer crítica aos ideais de liberdade, igualdade e fraternidade que orientaram os revolucionários e constituem ainda hoje o distintivo da vida pública na França e em todo o mundo liberal-burguês. Mas não podemos perder de vista o fato de que muita gente literalmente deu sangue em nome desse elevado ideal. Do mesmo modo, podemos criticar como ilusão pedagógica o ideal de que a instrução seja o caminho para o progresso moral e o aperfeiçoamento da sociedade, mas o preâmbulo da primeira Declaração dos Direitos do Homem, a de 1789, afirma categoricamente que "Os representantes do povo francês, constituídos em Assembleia Nacional", apostam na instrução porque consideram que "a ignorância, o esquecimento e o desprezo dos direitos do homem são as únicas causas das desgraças públicas e da corrupção dos Governos".[42]

Esse ideal pedagógico da instrução para todos deveria ter lugar no Estado, um claro contraponto ao que tinha sido até então, isto é, a Igreja. Carlota Boto cita André Petitat, para quem "a possante renovação do pensamento pedagógico na segunda metade do século XVIII está impregnada pela ideia de Estado". E continua:

> O tema da educação passa, então, a ser discutido sob a lógica de um controle estatal regulador e aglutinador das iniciativas no campo da instrução. Há aqui um deslocamento da antiga concepção de escola, embora não seja apropriado falar em ruptura. Trata-se da adequação do modelo escolar, que vinha sendo desenhado desde o Renascimento, para os interesses dos Estados nacionais em vias de fortalecimento. Desde o Iluminismo, pensar a educação tem sido refletir sobre um

---

[41] BOTO, 1996.
[42] DECLARAÇÃO dos Direitos do Homem e do Cidadão (1789). *Direitos Humanos*: Revista da OAB, São Paulo, n. 19, 1982.

tema de Estado; e, talvez por isso, os próprios iluministas hesitassem...[43]

É esse papel regulador do Estado moderno que passa a ser decisivo no ordenamento do processo que põe em marcha a construção de sistemas nacionais de ensino. Carlos Roberto Jamil Cury faz um exaustivo mapa do ordenamento institucional da formação de professores em texto para este livro. É claro que ele é pouco operante se faltam condições objetivas para a sua realização, tanto em termos materiais quanto em termos ideais. Mas sendo a educação, a partir de então, uma política de Estado, é importante deter-se um pouco no processo de formação de professores para levar adiante essa grandiosa tarefa.

1.4 O QUE SIGNIFICA FORMAR PROFESSORES PARA ATUAR NESSA INSTITUIÇÃO?

Se a escola foi alçada ao posto de instituição central no projeto civilizatório da modernidade, um profissional específico foi alçado com ela no compartilhamento dessa centralidade: o/a professor/a. Essa centralidade da escola no projeto da modernidade e o crescente deslocamento da tarefa educativa do ambiente doméstico para o ambiente escolar fizeram dela um lugar que se confunde com a própria educação, ainda que, é claro, a nem toda escola e a nem todo professor possa ser confiada a tarefa de efetivamente educar. De qualquer modo, foi a crescente centralidade que a escola assumiu como instituição educadora no mundo moderno que passou a exigir um profissional especialmente formado para atuar nela.

Inicialmente, desde as origens da escola na Idade Média, ele é o *magíster*, o mestre, que é aquele que exerce autoridade moral, intelectual e doutrinal do alto clero da Igreja Católica, como seu corpo magisterial ou ministerial. A escola nasce e constitui-se dentro da Igreja e como extensão dela, como mostrou Durkheim. No contexto da escola jesuítica, pois, os mestres são os próprios membros do corpo sacerdotal, os mesmos responsáveis pela expansão do catolicismo mundo a fora quando a Igreja viu-se ameaçada pela Reforma Protestante em território europeu. A *Ratio Studiorum*, conforme foi dito anteriormente, foi o primeiro momento de uma pedagogia consciente e sistematicamente organizada, racionalizada e voltada para a difusão desse ideal religioso. O local da formação do *magíster* é o seminário, determinado

---
[43] BOTO, 1996, 51.

como criação obrigatória em todos os locais onde foi criada uma diocese a partir do Concílio de Trento, no contexto da Contrarreforma (1545-1563).

Mas esse profissional é, também, a *magistra*, a mestra que, principalmente, algum tempo depois, fez das congregações religiosas femininas um instrumento por excelência não somente de escolarização da infância e da juventude, mas da formação das professoras, as mestras, a quem caberia grande parte do trabalho de enfrentamento do processo de secularização cultural na modernidade.

Essas congregações foram criadas em grande quantidade, sobretudo nos séculos XVIII e XIX, época de intensos conflitos entre o Estado moderno e a Igreja, no enfrentamento que estabeleceram pela disputa de hegemonia cultural. E desse enfrentamento, cujos marcos podem ser simbolizados pela reforma curricular na Universidade de Coimbra, pelo fechamento das ordens religiosas e confisco de seus bens e pela recusa de Napoleão Bonaparte em ser coroado pelo papa, pode ter decorrido um primeiro momento de feminização do magistério.[44]

Essa disputa de hegemonia cultural entre Estado moderno e Igreja é, ainda hoje, um dos pontos mais tensos tanto na difusão escolar do conhecimento quanto na formação dos profissionais encarregados dessa tarefa. Se o intelectual orgânico religioso havia realizado grandiosa tarefa pedagógica na difusão do catolicismo para os diversos cantos do mundo, sob o domínio do Estado moderno e suas novas formas de regulação da vida social essa deveria ser tarefa para outro intelectual orgânico, o professor. A uma formação nos seminários e nas congregações, assentada, é claro, na dimensão religiosa, deveria contrapor-se uma formação em escolas do Estado, numa dimensão laica, baseada nas concepções de razão e orientadas pelo conhecimento científico moderno.

À medida em que foi se constituindo como sistema, a partir do século XVIII, a oferta de ensino, agora reivindicada como responsabilidade do Estado, passou a demandar número crescente de professores. Para responder a essa demanda foram criadas as Escolas Normais, originalmente na França

---

[44] Um dos desdobramentos mais notáveis da criação de internatos religiosos voltados para a formação de professoras foi a feminização do magistério. Essa feminização veio acompanhada de uma mudança profunda nas condições de apropriação e difusão de bens culturais em favor da romanização do catolicismo e do enfrentamento do processo de secularização cultural. Até então, as mulheres estavam basicamente confinadas aos domínios da vida privada. A sua emergência como profissionais da educação escolar permitiu-lhes uma mudança significativa rumo ao espaço público, o que teve implicações importantes na dinâmica cultural da nossa modernidade tardia. (*Cf.* SOUZA, João Valdir Alves de. Professoras e catequistas: o sentido da escolarização em internatos religiosos femininos. *Escritos sobre Educação*, Belo Horizonte, v. 2, n. 1, p. 21-32, 2003).

e, de lá, para o restante da Europa e todo o globo, conforme bem retratado por Eliane Marta T. Lopes em texto a seguir. Como o próprio nome indica, "normal" refere-se ao processo de estabelecimento de normas e a Escola Normal deveria organizar não apenas o processo de formação docente, mas a nova sociedade escolarizada. Ela não apenas deveria estabelecer a norma docente, mas estava para a instrução pública republicana assim como a Igreja estava para a afirmação da crença religiosa. O texto de Eliane Marta sobre a Escola Normal para este livro é consistente na forma e saboroso no estilo.

Desde a sua origem, portanto, a Escola Normal estava associada à formação dos professores e à definição dos papéis que eles deveriam desempenhar na escola primária. Ela deveria dedicar-se exclusivamente ao estudo da norma, da direção, das formas e dos procedimentos mais adequados para poder ensinar, instruir e educar os alunos da melhor maneira possível e realizar na prática o elevado ideal pedagógico da Ilustração.

> La escuela normal de primera enseñanza es para los aspirantes al magisterio, lo que los seminarios conciliares para los aspirantes al sacerdocio. El magisterio, en efecto, viene a ser un sacerdocio que requiere particular preparación, una especie de noviciado para instruirse [...] No basta ser sabio; es preciso además ser profesor, es decir, se necesita poseer es preciso secreto de transmitir a los demás los preceptos, hasta los más áridos, no solo de modo que los comprenda la inteligencia, sino que cautiven el corazón.[45]

Não é por acaso que ainda hoje é corrente, entre nós, uma forte representação do magistério como sacerdócio. Não por ter faltado um esforço de submeter a escola à dimensão laica do Estado republicano. Essa laicização da escola, assim como a de todas as instituições republicanas, tem em Émile Durkheim um de seus principais teóricos e militantes. Durkheim, como se sabe, não apenas formulou uma Sociologia da Educação *estricto sensu* como promoveu sua escolarização ao ser um dos primeiros a ensiná-la na Escola Normal em Bordeaux e Paris desde o final do século XIX.

Christian Baudelot, insuspeito marxista, vê em Durkheim um intelectual erudito e militante do campo pedagógico, particularmente na formação de professores. Para Baudelot, ao elaborar a sua Sociologia da Educação, Durkheim estava interessado numa teoria sociológica que permitisse aos educadores uma fundamentação que pudesse contribuir para a transformação

---

[45] Carderera (1886) *apud* DURÃES, Sarah Jane Alves. Aprender a ser maestro/a en las Escuelas Normales de Brasil y España en los oichocientos. *Cadernos de Educação*, Pelotas, n. 33, p. 15-35, 2009, p. 18.

do sistema de ensino e, por essa via, produzir a reforma moral da sociedade. Para Durkheim, diz Baudelot, a educação representava um objeto privilegiado de análise. "Era inclusive o objeto sociológico por excelência, posto que se tratava da socialização da jovem geração pelas que a precedem. Tudo era, pois, social na educação". Diz, ainda, Baudelot:

> Durkheim era também um militante da laicidade. Tinha especial interesse em suscitar e em desenvolver uma moral laica que fosse definitivamente autônoma frente à Religião. A escola representava neste projeto ao mesmo tempo um desafio considerável e um meio eficaz de difusão, uma vez que era precisamente a instituição principal de socialização das jovens gerações.[46]

Essa questão é abordada por Durkheim em seus três livros clássicos na área da educação. O mais conhecido deles é *Educação e Sociologia*, cujo foco está na busca de uma definição para a educação e na distinção conceitual entre ciências da educação e Pedagogia. Mas há outros dois livros, igualmente importantes, que resultaram de suas notas de aula de cursos que ministrou para formação de professores.

Em *A evolução pedagógica*, livro que resulta de um curso que ministrou sobre a "História do Ensino na França", Durkheim traz uma excelente contribuição para a compreensão do modo como a escola tal qual conhecemos adquiriu sua forma ao longo do tempo. Ele volta aos primórdios do cristianismo e ao modo como ele moldou a cultura europeia, fornecendo as coordenadas culturais para as primeiras experiências de escolarização. Nascida dentro da Igreja e abrigada por muito tempo à sombra do templo, não é de estranhar que ainda hoje, mesmo submetida ao Estado republicano, a escola é uma instituição assentada no discurso religioso.

> Podemos entender agora por que o ensino permaneceu sendo por tanto tempo em nosso país, em todos os povos da Europa, aliás, uma coisa de Igreja e como um anexo da religião; por que, mesmo após o momento em que os professores deixaram de ser padres, eles conservaram entretanto – e isso por muito tempo – deveres sacerdotais. [...] Desde a origem, a escola levava consigo o germe dessa grande luta entre o sagrado e o profano, o leigo e o religioso.[47]

---

[46] BAUDELOT, Christian. A sociologia da Educação: para quê? *Teoria e debate 3*, Porto Alegre, v. 3, p. 29-42, 1991, p. 30.
[47] DURKHEIM, 1995, p. 30; 31.

Além de marcado historicamente por essa disputa entre sagrado e profano, religiosidade e laicidade, as condições objetivas para a realização do projeto – ou da promessa – não podem ser perdidas de vista. Mesmo na França, berço da mais notável entre todas as revoluções burguesas, a implantação de uma escola republicana, pública e laica foi titubeante, por experimentação, entre ensaios e erros. Segundo Durkheim:

> O objetivo de cada ensino não era determinado senão de maneira muito imperfeita e cada professor fixava-o como bem entendesse. Acrescentem a isso a dificuldade em achar professores para todos esses novos ensinamentos. [...] Foi necessário, pois, improvisar um pessoal que nada preparava para essa tarefa, e que foi recrutado as profissões mais diversas. As escolhas, aliás, eram feitas por júris locais, que nem sempre possuíam a necessária competência.[48]

Se isso pode ser lido acerca da implantação da escola pública na França, ainda hoje uma das mais sólidas instituições francesas, imagine o que sucedeu e ainda sucede ao redor do globo, na tentativa de universalizar os processos de escolarização! É disso que tratam os textos que vêm a seguir neste livro para analisar o caso brasileiro.

O que Durkheim aponta para a educação francesa do seu tempo é uma crise profunda para a qual seria necessária uma forte mobilização em torno de uma causa. Para além do diagnóstico da crise, contudo, ele via na Terceira República, que então se constituía, as condições objetivas para realizar as promessas da educação. Mas nenhuma mudança efetivamente significativa poderia ocorrer se não concebesse em torno da organização do ensino e da formação de professores um sentido objetivo na orientação das práticas pedagógicas. Curiosamente, o argumento de Durkheim a esse respeito é fortemente carregado de termos do vocabulário religioso. E ele marca seu propósito bem no início do curso, como que a mobilizar os futuros docentes para sua causa. Diz ele:

> Consequentemente à confusão intelectual na qual se acha, dividido entre um passado que está morrendo e um futuro ainda indeterminado, o ensino secundário não manifesta a mesma vitalidade, a mesma vontade de viver que outrora. A fé antiga na persistente virtude das letras clássicas ficou definitivamente abalada. [...] Mas, por outro lado, ainda não surgiu nenhuma fé nova para substituir a que está desapa-

---

[48] DURKHEIM, 1995, p. 284.

> recendo. A missão de um ensino pedagógico é precisamente a de ajudar na elaboração dessa nova fé e, portanto, de uma vida nova, pois uma fé pedagógica é a própria alma de um corpo docente.[49]

"Fé nova", "missão", "fé pedagógica", "alma", "corpo docente"... Eis aí um conjunto de expressões do vocabulário religioso que se pretendia superar, mas do qual não era possível escapar. O que Durkheim mostra é que, tendo se constituído sob as coordenadas culturais do cristianismo e sendo ele uma religião de salvação, a escola herdou dele esse espírito construtivo que apenas tentava descolar-se da dimensão transcendental própria da vida religiosa. É a esse processo de descolamento da dimensão transcendental e reassentamento em novas bases culturais da modernidade, no Estado moderno, que se dá o nome de laicização. Como ele não é um dado e, sim, uma construção histórica, é na formação de professores que Durkheim depositava suas expectativas na edificação de uma moral laica para a educação escolar.

Essa mobilização dos futuros docentes para a causa da educação pública e laica foi tema recorrente no curso que Durkheim ministrou, "A educação moral", na Sorbonne, na primeira década do século XX. A despeito da recorrente suspeita de que as questões da moralidade suscitam entre nós, ressalta-se que esse curso de Durkheim é primoroso no que se refere à laicidade e a alguns embates que têm marcado atualmente o debate sobre atribuições da família e atribuições da escola em matéria de educação. São dois excertos longos, mas valem ser transcritos.

> É preciso tomar algumas medidas para assegurar que as ações dos pais e dos professores jamais sejam excessivas. Uma das precauções mais eficazes é impedir que a criança seja formada em um único meio e, mais ainda, por uma única pessoa. Essa é uma dentre as numerosas razões pelas quais a educação doméstica é considerada insuficiente. A criança educada exclusivamente por sua família torna-se uma cópia desta: reproduz todas as suas particularidades, todos os traços, até mesmo os tiques da fisionomia familiar; ela jamais consegue desenvolver uma fisionomia pessoal. A escola a liberta dessa dependência demasiado estreita.[50]

E mais:

---

[49] DURKHEIM, 1995, p. 16.
[50] DURKHEIM, Émile. *A educação moral*. Petrópolis: Vozes, 2008, p. 146.

> Ocorre que, normalmente, as escolas públicas são, e devem ser, a rodagem reguladora da educação nacional. A bem dizer, ao contrário da opinião muito difundida de que a educação moral deveria competir à família, acredito que o papel da escola na educação é e deve ser da mais alta importância. Existe toda uma parte da cultura, sua parte mais elevada, que não pode ser transmitida em outro lugar. Porque, se a família pode muito bem despertar e consolidar os sentimentos domésticos necessários à moral e mesmo, mais genericamente, aqueles que estão na base das relações privadas mais simples, ela, contudo, não está constituída de modo a poder formar a criança tendo em vista a vida em sociedade. Por definição, ela é um órgão impróprio para tal função. Como consequência, ao tomarmos a escola como foco de nosso estudo, situamo-nos exatamente no ponto que deve ser considerado como o centro da cultura moral dessa faixa etária. Estamos engajados com o projeto de oferecer em nossas escolas uma educação inteiramente racional, isto é, livre de qualquer princípio extraído das religiões reveladas. Com isso está nitidamente delimitado o problema que se apresenta a nós nesse momento da história a que chegamos.[51]

Isso foi escrito em 1902. Difícil encontrar termos mais adequados para fundamentar debate amplamente instaurado nos nossos dias.

1.5 EM SÍNTESE

Ao encerrar este texto, gostaria de destacar alguns elementos para reflexão.

O primeiro deles é que a educação é um campo em disputa. Seja entre a moral religiosa e a moral laica, seja entre a família e o Estado, seja entre a dimensão pública e a dimensão privada, nada é neutro em matéria de educação. Aliás, é exatamente esse comprometimento com algum ideal, com alguma dimensão valorativa, que a distingue do ensino e da instrução. Se a educação supõe algum ensino e alguma instrução, ela vai muito além, pois é uma prática social orientada por um valor (político, sociocultural, ético, moral, estético) assumido como relevante em cada sociedade, seja para conservar uma dada realidade, seja para tentar transformá-la.

O segundo é que a ação dos professores é bastante limitada pelas condições objetivas do fazer pedagógico. É claro que quem se propõe a ensinar o

---
[51] DURKHEIM, 2008, p. 34.

faz em nome de certo ideal com o qual se compromete e é legítimo reconhecer que elevados ideais orientaram e orientam efetivamente práticas pedagógicas em nome de certo ideal de educação. Esse ideal, contudo, está sempre em disputa com outros ideais e em confronto direto com as condições objetivas de exercício da docência, seja em termos do valor econômico e simbólico do diploma dos professores, seja em termos de infraestrutura básica das redes que compõem os diversos sistemas de ensino. Mesmo que esses limites se situassem apenas no campo das ideias, ainda assim já se configuraria um quadro de dificuldades a transpor. Se, além disso, acrescentamos o campo da ordem material temos que reconhecer que boas ideias, ainda que importantes, não são suficientes para romper certas barreiras.

O terceiro é que a velocidade das transformações do mundo moderno põe a realidade bem à frente da nossa capacidade de exercer alguma direção e acima da nossa capacidade de ter algum controle sobre ela. A despeito do elevado ideal segundo o qual o homem é o sujeito da história, o que despertou forte entusiasmo construcionista e suscitou a emergência de edificantes utopias, o século XX foi severo com aqueles que acreditaram que era possível construir o mundo segundo elevados ideais.

"Se eu tivesse de resumir o século XX, diria que despertou as maiores esperanças já concebidas pela humanidade e destruiu todas as ilusões e ideais", diz o músico britânico Yehudi Menuhin, citado por Eric Hobsbawm em livro de referência sobre a época.[52] Ainda que fosse possível formar professores para dominar essa realidade e garantir-lhes aprimoramento profissional constante, o vertiginoso processo de transformação social de hoje colocaria essa realidade sempre à frente das nossas ideias e ideais sobre ela.

Resulta disso que, ainda que seja legítimo depositar na escola nossa expectativa de que ela seja o lugar da realização das promessas de um mundo melhor e que professores bem formados são os artífices dessa façanha – e é por isso que estamos na escola contribuindo para a formação de professores –, não podemos cair na ilusão pedagógica de achar que cabe à escola solucionar todos os nossos problemas, porque a escola e seus professores são parte significativa dos problemas que a educação tenta combater.

---

[52] MENUHIN *apud* HOBSBAWM, Eric. *Era dos extremos*: o breve século XX; 1914-1991. São Paulo: Companhia das Letras, 1995, p. 12.

REFERÊNCIAS

ADORNO, Theodor. *Educação e emancipação*. São Paulo: Paz e Terra, 2003.

ADORNO, Theodor; HORKHEIMER, Max. *Dialética do esclarecimento*: fragmentos filosóficos. Rio de Janeiro: Jorge Zahar Editor, 1985.

ARANHA, Antônia Vitória; SOUZA, João Valdir Alves de. As licenciaturas na atualidade: nova crise? *Educar em Revista*, Curitiba, v. 50, p. 69-86, 2013.

AZAMBUJA, Darcy. *Teoria geral do estado*. 4. ed. ver. ampl. e atual. São Paulo: Globo, 2008.

BAUDELOT, Christian. A sociologia da Educação: para quê? *Teoria e debate 3*, Porto Alegre, v. 3, p. 29-42, 1991.

BERMAN, Marshall. *Tudo que é sólido desmancha no ar*: a aventura da modernidade. São Paulo: Companhia das Letras, 1982.

BOBBIO, Norberto. *A era dos direitos*. São Paulo: Campus, 2004.

BOBBIO, Norberto. *A teoria das formas de governo na história o pensamento político*. São Paulo: Edipro, 2017.

BOBBIO, Norberto; MATTEUCCI, Nicola; PASQUINO, Gianfranco (org.) *Dicionário de política*. Brasília: Editora da Universidade de Brasília, 1993. 2 v.

BOTO, Carlota. *A escola do homem novo*: entre o Iluminismo e a Revolução Francesa. São Paulo: Editora da Universidade Estadual Paulista, 1996.

DALLARI, Dalmo de Abreu. *Elementos de teoria geral do estado*. 19. ed. São Paulo: Saraiva, 1995.

DECLARAÇÃO dos Direitos do Homem e do Cidadão (1789). *Direitos Humanos*: Revista da OAB, São Paulo, n. 19, 1982.

DURÃES, Sarah Jane Alves. Aprender a ser maestro/a en las Escuelas Normales de Brasil y España en los oichocientos. *Cadernos de Educação*, Pelotas, n. 33, p. 15-35, 2009.

DURKHEIM, Émile. *Educação e sociologia*. Petrópolis: Vozes, 2011.

DURKHEIM, Émile. *A evolução pedagógica*. Porto Alegre: Artes Médicas, 1995.

DURKHEIM, Émile. *A educação moral*. Petrópolis: Vozes, 2008.

DURKHEIM, Émile. *Lições de sociologia*: física dos costumes e do direito. São Paulo: Edipro, 2015.

GALBRAITH, John Kenneth. *A era da incerteza*. 8. ed. São Paulo: Pioneira, 1986.

HARVEY, David. *A condição pós-moderna*: uma pesquisa sobre as origens da mudança cultural. São Paulo: Loyola, 1993.

HILL, Christopher. *O mundo de ponta-cabeça*: ideias radicais durante a revolução inglesa de 1640. São Paulo: Companhia das Letras, 1987.

HOBSBAWM, Eric. *A era das revoluções (1789-1848)*. 4. ed. Rio de Janeiro: Paz e Terra, 1982.

HOBSBAWM, Eric. *Era dos extremos*: o breve século XX; 1914-1991. São Paulo: Companhia das Letras, 1995.

IANNI, Octavio. A sociologia e o mundo moderno. *Tempo Social*: Revista de Sociologia da USP, São Paulo, v. 1, n. 1, p. 7-27, 1989.

KANT, Immanuel. Resposta à pergunta: que é esclarecimento (Aufklärung)? *In*: KANT, Immanuel. *Textos seletos*. Petrópolis: Vozes, 1974.

LE GOFF, Jacques. *História e memória*. 3 ed. Campinas: Editora da Universidade Estadual de Campinas, 1994.

MARX, Karl; ENGELS, Friedrich. Manifesto do Partido Comunista. *In*: MARX, Karl; ENGELS, Friedrich. *Textos*. vol. 3. São Paulo: Alfa-Omega, 1977.

NOGUEIRA, Maria Alice. A sociologia da educação no final dos anos 60/início dos anos 70: o nascimento do paradigma da reprodução. *Em aberto*, Brasília, v. 9, n 46, p. 49-58, 1990.

PAULA, João Antônio de. *Raízes da modernidade em Minas Gerais*. Belo Horizonte: Autêntica, 2000.

ROUANET, Sergio Paulo. *Mal-estar na modernidade*: ensaios. São Paulo: Companhia das Letras, 1993.

SAVIANI, Dermeval. *Escola e democracia*. 25. ed. São Paulo: Cortez; Autores Associados, 1991.

SILVA, Anilde Tombolato T. da; BITTENCOURT, Cândida Alayde de C. A educação para a emancipação: aproximações entre o pensamento de Kant e Adorno. *Educação em Revista*, Marília, v. 14, n. 1, p. 53-64, 2013.

SOUZA, João Valdir Alves de. Gramsci, a disciplina e organização da cultura. *Educação em Revista*, Belo Horizonte, v. 13, n. 29, p. 31-44, 1999.

SOUZA, João Valdir Alves de. Professoras e catequistas: o sentido da escolarização em internatos religiosos femininos. *Escritos sobre Educação*, Belo Horizonte, v. 2, n. 1, p. 21-32, 2003.

SOUZA, João Valdir Alves de. *Introdução à sociologia da educação*. 3. ed. rev. e ampl. Belo Horizonte: Autêntica, 2015.

SOUZA, João Valdir Alves de. Paradigma da Reprodução. *Presença Pedagógica*, Belo Horizonte, v. 24, p. 48-55, 2018.

TANURI, Leonor Maria. História da formação de professores. *Revista Brasileira de Educação*, Rio de Janeiro, v. 85, n. 14, p. 61-88, 2000.

TOURAINE, Alain. *Crítica da modernidade*. 2. ed. Petrópolis: Vozes, 1995.

WILSON, Edmund. *Rumo à Estação Finlândia*: escritores e autores da história. São Paulo: Companhia das Letras, 1986.

VAZ, Henrique C. de Lima. *Raízes da modernidade*. São Paulo: Loyola, 2002.

WEBER, Max. *Metodologia das ciências sociais*. 2. ed. São Paulo: Cortez; Campinas: Editora da Universidade Estadual de Campinas, 1995.

WEFFORT, Franciso (org). *Os clássicos da política*. São Paulo: Ática, 2001. 2 v.

2

EU, ESCOLA NORMAL...

ELIANE MARTA TEIXEIRA LOPES

INTRODUÇÃO

Graves responsabilidades pesam sobre mim. Minha história é longa e no balde desses significantes, escola e normal, constituiu-se alguma coisa que é universal e, por isso mesmo, cheia de mazelas e sem serventia.

Sempre que a mim, escola, agregam um epíteto diferente, querem logo me livrar dele, pois aos poucos vai se tornando ruço, usado, vilipendiado. De qualificativo elogioso passa a injurioso. Acham-me defeitos antes insuspeitos que promovem os ataques, as injúrias, todos, sempre, muito bem fundamentados.

Querem ver um exemplo? Escola Nova. Na época, quem havia de ligar para o "escola"? O NOVA brilhava, fulgurava, resplandecia! Como um sapato de verniz novo, ou uma boneca que chorava e falava mamã... Era aplaudida, aclamada, louvada, adorada. Sim, daria certo! Muitos se empenharam, verdadeiramente se empenharam! Salvar era sua missão. Por isso até hoje, quando escolhem, depois de muitas reuniões, claro, um epíteto para mim, o que sou (e o quê sou?) encolhe-se, antes de encalhar.

Minha história vem de longe... Pura e simplesmente escola, no início era λέξη (*skolé*). A palavra grega designava o lazer, o repouso, a cessação das fadigas físicas e por extensão o momento propício à atividade do espírito, à leitura, às artes, ao estudo. Mesmo assim, o que estava em toda parte foi compartimentado em sete saberes: as sete artes liberais. Um grupo de três – a gramática, a retórica e a dialética (ou lógica) – para prover a mente de disciplina e para que ela pudesse expressar-se na boa linguagem; e um grupo de quatro – a aritmética, a astronomia, a geometria e a música (harmonia e não instrumento) – para os fazeres e as soluções.

A palavra *skolé* pediu, exigiu e inventou um lugar para que ela acontecesse. O momento (tempo) exigia um lugar (espaço). Apesar de a escola na Grécia ter sido um espaço do desenvolvimento de saberes e da filosofia – sem nunca esquecer que na Grécia a melhor educação era dada pela pólis –, na hora da guerra não adiantou muito e Roma venceu e dominou a Grécia, mas foi dominada por muitas de suas invenções e, entre elas, a escola.

Em latim, que era a língua do *Latium*[53] e que foi a origem de todas as línguas latinas, *skolé* virou *schola*. E as sete artes liberais ganharam o nome de *trivium* e *quadrivium*. A ideia do primitivo ou primeiro sentido – o ócio – foi guardado pela palavra latina para designar o mestre do jogo: ludimagister. Assim, tanto para os gregos quanto para os romanos, a escola foi, sobretudo, um lugar de agradável repouso. O estudo – para homens livres e apenas algumas mulheres, claro – parecia mais uma diversão em comparação às duras ocupações da vida cotidiana.

Mas o mundo foi crescendo, o poder tomando forma de reinos, reis imperadores, dominantes e dominados, reinos lutando para serem os melhores entre si e contra si, precisando de pessoas que formassem outras pessoas, as seriedades fazendo de conta que eram sérias, e *escola*, ainda sem epítetos, deixou de ser lugar de busca do saber, desejo de saber, para ser lugar de normalidades.

As escolas que preparavam monges para prepararem outros monges, as universidades que ensinavam a discutir, a debater sobre, com e contra os mestres da religião em alto estilo, a formatar o direito canônico e a curar. Uns – os melhores, ou não – formavam outros, que iam fazendo, usando, ensinando, pois ensinar – *insignare* – é fazer signos. Tentavam entender o mundo, os fenômenos naturais, a rota das estrelas, o sexo dos anjos, os caminhos dos mares; investigavam como, por que, para que. Dentro e fora das escolas, quaisquer que fossem elas...

Em fins do século XVII, na França, um padre, que depois virou santo, João Batista de La Salle, preocupado com a situação das crianças pobres do campo e da cidade, acreditou que era preciso formar mestres que se ocupassem dos pobrezinhos, e criou os "seminários para os mestres do campo" para assegurar a primeira e fundamental necessidade da escola: a preparação

---

[53] O Lácio estende-se da cordilheira dos Apeninos, espinha dorsal da península Itálica, ao mar Tirreno. Seu nome, originalmente Latium, remete aos latinos, povo do qual os romanos descendem e cujo idioma, o latim, tornou-se a língua formal do Império Romano, tendo sido amplamente difundido nos territórios sob o seu domínio, originando-se daí as línguas latinas, das quais faz parte o português.

moral e cultural dos ensinantes.[54] Introduziu métodos, deu prioridade à aprendizagem da leitura e da escrita na língua materna, propôs a gratuidade nas escolas. Não foram poucas e foram importantes, pois foram fundadoras da determinação do que era significativo.

Mas tudo no mundo tende a ficar cada vez mais complicado. E sempre é preciso ganhar, as guerras e as revoluções que destroem e que criam. E numa dessas derrotas, na Alemanha, acreditaram que, afinal, não estavam formando bem as pessoas, que era preciso começar a ensinar bem cedo, mas não por qualquer um e, sim, por alguém que fosse devidamente preparado para isso. E no fim do século XVIII, início do XIX, o movimento Pestalozziano considerou de muita importância a preparação de professores para o ensino primário.

Frederico II da Prússia (Alemanha), depois da Guerra dos Sete Anos (1756-1763),[55] decidiu compor um novo sistema educacional no qual o ensino fosse obrigatório e houvesse "normas" para a formação de professores. Foi, então, que os seminários franceses destinados à formação de docentes começaram a ser designados com o nome de Escolas Normais.

A França, que abrigava inúmeras congregações e ordens religiosas que mantinham colégios e liceus, masculinos e femininos, faz a Revolução Francesa, cria a escola pública, universal, gratuita e obrigatória, e proíbe qualquer tipo de colégios religiosos. Mas essa mesma Revolução ocupou-se, muitas vezes e de diferentes maneiras, da educação e das escolas. O Comitê de Instrução Pública – um dos instrumentos revolucionários para planejar, construir e controlar a nova sociedade – elaborou, entre os muitos projetos apresentados em diferentes momentos e etapas, um projeto de criação de Escolas Normais.

E foi assim que começou essa minha longa história...

Continuo...

O decreto de outubro de 1794, lá na França, previu um funcionamento em dois graus sucessivos: um deles seria frequentado por alunos escolhidos nos diversos municípios, que deveriam dirigir-se a Paris para seguir as classes de uma Escola Normal, cujo curso duraria mais ou menos quatro meses, e eles receberiam uma bolsa. Esses alunos, tão logo voltassem aos seus muni-

---

[54] A primeira foi criada em Reims, em 1684, a segunda em 1685 e a terceira em Paris, em 1699.
[55] A Guerra dos Sete Anos foi uma série de conflitos internacionais que ocorreram entre 1756 e 1763, durante o reinado de Luís XV, entre a França, a Áustria e seus aliados (Saxônia, Rússia, Suécia e Espanha), de um lado, e a Inglaterra, Portugal, a Prússia e Hanover, do outro.

cípios, criariam outra Escola Normal, para formar cidadãos ou cidadãs que desejassem dedicar-se ao ensino público.

Aquela Escola Normal de Paris, a École da rue d'Ulm, que de vez em quando ouvimos falar com muita pompa e circunstância, foi constituída de maneira diferente: digamos que ela foi – e é – mais normal do que as outras. Quem ocupou-se dela foram os cientistas, sábios e literatos – não vamos falar dela. E a França continuou essa história, e como modelo que era para tantas modas, projetos, costumes, ideias e ideais, em algum momento serviu de inspiração ao que se passaria por cá.[56]

No Brasil tive muitos nomes... Fui Escola Normal, fui Escola Normal Modelo, fui curso de formação, fui curso de professores do Instituto de Educação, fui Normal Superior... Mas nunca, em momento algum, graves responsabilidades deixaram de pesar sobre mim. Não é que, como disse o poeta, "Os ombros suportam o peso do mundo...",[57] mas era, desde o início, o dedo em riste me censurando e apontando para um tempo e espaço que nunca alcanço.

Tudo começou quando a Lei Geral do Ensino, de 1827, abriu o caminho legal, mas não efetivou grande coisa, pois houve o Ato Adicional de 1834, que transferiu para as províncias a responsabilidade da educação primária e da formação de seus docentes. O velho mestre-escola sai de moda, despreparado que era, embora não desapareça. Logo outra lei, em 1835, previu que haveria na capital da província do Rio de Janeiro uma Escola Normal para nela habilitarem-se as pessoas, que se destinassem ao magistério de instrução primária, e os professores existentes que não tivessem adquirido a necessária instrução nas Escolas de Ensino na conformidade com outra Lei. Estava dada a largada com muitas intenções e rarefeitas realizações, descontinuidades e malogros.

A província de Minas Gerais apressou-se e em 1835 já estava dentro da lei, mas, inseguros e pretensiosos que somos, preferimos enviar ao estrangeiro alguém que pudesse trazer-nos a moda de lá. Walkiria Rosa e Cristina Gouvêa contam essa história:

---

[56] Vejam o primeiro manual didático destinado à formação docente, publicado no Brasil em 1839, intitulado Curso normal para professores de primeiras letras ou direções relativas a educação physica, moral e intelectual nas escolas primárias, tradução da obra francesa do Barão de Gérando, editada em 1832.
[57] Carlos Drumond de Andrade. O título do poema é "Os ombros suportam o mundo" e foi publicado no livro Sentimentos do mundo.

O artigo determinava que o governo deveria "estabelecer o quanto antes uma Escola Normal para a instrução primária (e para as quatro escolas especiais) pelo método mais expedito e ultimamente descoberto e praticado nos países civilizados. O governo fica autorizado a contratar quatro cidadãos que vão se instruir dentro ou fora do Império nas referidas matérias das escolas especiais, a fim de virem estabelecer as referidas escolas".

A Escola Normal de Ouro Preto, foi estabelecida no dia 5 de agosto de 1840, ou seja cinco anos após a sua criação, ficando sua direção a cargo do Professor Francisco de Assis Peregrino. Após o estabelecimento da escola passa-se a exigir dos professores a ida à capital para que estes pudessem se habilitar no método adotado nesta instituição, sendo posteriormente submetido a exame para receber o diploma de professor. Eram realizados concursos e provas de habilitação estabelecidas pela lei nº 13, para que os docentes, inclusive os dos espaços escolares particulares, fossem considerados aptos para o exercício da docência. Os mestres de ofício agora precisariam habilitar-se na Escola Normal para que suas funções fossem legitimadas.[58]

Mas para que ninguém se iluda de que a política educacional do passado era risonha e franca, a descontinuidade imperava! Isto é, abria-se uma Escola Normal hoje, havia festas e bandeirolas e depois... bem: não havia verba, mudava o governante ou o partido político, não havia professores "capazes" etc. etc. etc. O presente ajuda-nos a entender o passado e vice-versa.

Em Minas Gerais, a Escola Normal da capital da província desdobrou-se em oito antes do início da República. Além de Ouro Preto, em Campanha, 1872; em Diamantina, 1879; em Paracatu, 1879; em Montes Claros, 1879; em Sabará, 1881; em Uberaba, 1884; em Juiz de Fora, 1884; e em São João del-Rei, 1884. Parecia que tudo iria dar certo! A formação de professores seria um sucesso! Alfabetizaríamos todos que pudessem ser alfabetizados – de preferência, os meninos brancos e de famílias de bem – com os bons professores que iríamos formar!

No Brasil, a primeira escola a iniciar suas atividades, ainda na década de 1830, foi a de Nicteroy, capital da província fluminense. A Escola Normal

---

[58] GOUVÊA, Maria Cristina Soares; ROSA, Walquiria Miranda. A escola normal de Minas Gerais. In: FARIA FILHO, Luciano; CASASSANTA, Ana Maria (org.) Lições de Minas: 70 anos da Secretaria da Educação de Minas Gerais. Belo Horizonte: Secretaria de Estado da Educação de Minas Gerais, 2000, p. 18; 32.

da Corte só foi criada em 1880. No dia da inauguração, a 5 de abril daquele ano, estavam presentes o imperador Pedro II, a imperatriz Teresa Cristina e toda a comitiva ministerial. Para primeiro diretor da escola foi nomeado Benjamim Constant Botelho de Magalhães, que depois de proclamada a República viria a ser ministro, operador de reforma do ensino secundário e muito mais. A República, já com a escravidão abolida, trouxe um clima de euforia pedagógica, mas milhares de negros e negras, adultos e crianças, continuavam ausentes de qualquer escola – mesmo se alguns estivessem presentes.

As reformas de Benjamin Constant (1890-1892) tentaram um modelo de formação arrojado na Escola Normal da capital (leia-se Rio de Janeiro) e idealizaram o Pedagogium – um centro propulsor de reformas e melhoramentos –, que tinha a finalidade de ajudar os professores (convenhamos: os ajudantes e os ajudados nem eram tão diferentes). Um currículo pretensioso, a falta de direção e de gente preparada desfiguraram a experiência e, de novo... bem, sabem como é. Em São Paulo, as coisas foram um pouco diferentes e a grande Escola Normal da praça, a Caetano de Campos, em um prédio imponente, simbolicamente marcava a importância da formação de professores, e durou mais, até novos tempos de profissionalização.[59]

Foi assim que começou. Meu registro de nascimento – a lei – valia para todo o país: Rio, São Paulo, Minas... Mas havia outros, há outros, de que quase não se fala... Valia para todas as pessoas, mas no mesmo registro a condição: "Ser cidadão brasileiro, ser maior de dezoito anos, com boa morigeração e saber ler e escrever".

Saber ler e escrever: só isso? Era com isso que seriam formados professores que iriam ensinar as crianças do novo país republicano? Mesmo que tivessem boa educação, fossem limpos e asseados, não prevaricassem... não precisavam saber mais nada? Contar não? Só ler e escrever?

Eu, Escola Normal, nunca tive boa fama. De verdade, a opinião grassava nos jornais, e não só de fofocas, mas em romances...

> – Que é a Escola Normal, não me dirão? Uma escola sem mestres, um estabelecimento anacrônico, onde as moças vão tagarelar, vão passar o tempo a ler romances e a maldizer o próximo, como vocês sabem melhor que eu... [...] Mas não

---

[59] VILLELA, Heloisa de Oliveira Santos. O mestre-escola e a professora. *In*: LOPES, Eliane Marta Teixeira; FARIA FILHO, Luciano Mendes de; VEIGA, Cynthia Greive. *500 anos de educação no Brasil*. Belo Horizonte: Autêntica, 2000, p. 95.

> têm método, não fazem caso d'aquilo, vão ali por honra da firma, por amor aos cobres. Aquilo é uma sinecura, não temos educadores, é o que é. [...] É preciso orientação e muito bom senso, isto é justamente o que falta aos nossos corpos docentes... [...] tudo isso é inútil, completamente inútil quando uma mulher tende fatalmente para um homem. [...] a causa é a falta de educação, a falta absoluta de quem sabe dirigir a mocidade feminina. A nossa educação doméstica é detestável, os nossos costumes são de um povo analfabeto.

Palavras de um romance sobre o qual falarei daqui a pouco, mas que já adianto o título: *A normalista*.

Graves responsabilidades pesaram sobre mim durante todo o século XX. A nada realizado foi conferido sucesso suficiente para permanecer. Passados 180 anos ainda buscam quem há de trazer para mim a solução para formar bons professores. E, no entanto, há uma tal mesmice, uma tal pregnância...

Reformaram-me inúmeras vezes, mudaram-me o nome, o currículo, a extensão dos cursos, as leis, muitas vezes. Ainda assim fui a única instituição que tinha por missão (e não digo essa palavra desavisada) formar professores e professoras. Nas últimas décadas, apesar da intensificação dos debates sobre esse tema, da ampliação dos cursos voltados para essa modalidade de formação e da formação para a docência ter uma acolhida cada vez maior no ensino superior, e mesmo na pós-graduação, não são poucos os diagnósticos que apontam a precária formação dos professores brasileiros como uma das principais variáveis explicativas da baixa qualidade da escola básica no Brasil.

Por isso há que mudar: sempre, custe o que custar – de preferência pouco. Como todos viram, quem não nasce em berço de ouro, como eu, Escola Normal, acaba sendo a responsável solitária pelas miseráveis condições materiais das escolas, pelas abjetas condições de trabalho e até pela ausência de carreiras e salários que deem para viver com conforto e com possibilidades de ampliar horizontes. Não concordo que peçam para mim salários ou condições de trabalho dignos: dignidade?, tenho isso de sobra, que cuidem, pois, do resto.

2.1 EU, NORMALISTA[60]

Alguém pode imaginar que tal diálogo passe-se entre dois pais orgulhosos em meados do século XIX ou XX?

– Muito prazer em revê-lo Almeida!

– O mesmo digo eu! E a família, cresceu, está bem?

– Sim! Orgulho-me muito! Tenho um filho padre e o outro doutor, médico! E os seus?

– Assim, assim. Um é farmacêutico e até tem sua própria botica.

– E o outro? Pedro, se bem me lembro...

– Ah sim! Pedro é normalista.

– Ãhn?

Uma bobagem como esta, para dizer que no início eram os homens, rapazes, quase meninos ainda, que se preparavam, ou não, para serem professores. Tinham até outro nome: mestre-escola. Representado em geral como um velho, de pernas arqueadas, muito magro, nariz adunco, acenando com uma vara de marmelo ou a palmatória. Por essas e outras há, em vários cursos de pós-graduação, uma linha de estudos e pesquisa intitulada "feminização do magistério".

Pois virou coisa de moça: meiga, bem-comportada, séria e doida para casar. Embora no século XX tenha sido cantada assim, em famoso samba de Benedito Lacerda & David Nasser, consagrado por Nelson Gonçalves – lembram? Vestida de azul e branco...[61] –, nem sempre foi assim.

---

[60] No sentido de je suis Charlie, pois que não fiz o curso que me deixaria autoproclamar, eu sou normalista!
[61] Vestida de azul e branco / Trazendo um sorriso franco / No rostinho encantador / Minha linda normalista / Rapidamente conquista / Meu coração sem amor // Eu que trazia fechado / Dentro do peito guardado / Meu coração sofredor / Estou bastante inclinado / A entregá-lo ao cuidado / Daquele brotinho em flor / Mas, a normalista linda / Não pode casar ainda // Só depois que se formar... / Eu estou apaixonado / O pai da moça é zangado / E o remédio é esperar – VICENTINI, Paula Perin. *Imagens e representações de professores na história da profissão docente no Brasil (1933-63)*. 2002. 185 f. Tese (Doutorado em Educação) – Faculdade de Educação, Universidade de São Paulo, São Paulo, 2002).

Adolfo Caminha (1867-1897),[62] autor do citado romance *A normalista*, nasceu no Ceará e viveu no Rio de Janeiro. A grande crítica que sofreu foi por ter escrito um romance em que os dois personagens, um branco e um negro, ambos marinheiros, viveram uma história de grande amor – *Bom crioulo* (1895).[63] Dois anos antes, 1893, escreveu *A normalista*. A jovem protagonista, Maria do Carmo, criança ainda, é entregue pelo pai ao seu padrinho para criá-la. O pai fazendeiro havia assistido morrer a esposa e a última cabeça de gado, vítimas da grande seca que atingiu o Ceará em 1877 (vale a pena conhecer esse triste episódio);[64] deixa, então, a menina e parte para o Pará. Os primeiros estudos foram no colégio das freiras, mas já mocinha vai para a Escola Normal, pois, diz o padrinho:

> [...] que não lhe falassem em padres. A educação moderna, a educação livre, sem intervenção da batina – eis o que ele queria e apregoava alto e bom som. Havia meses que Maria do Carmo cursava a Escola Normal. Sua vida agora traduzia-se em ler romances emprestados a Lídia [...] Ia à escola todos os dias vestidinha com simplicidade, muito limpa, mangas curtas evidenciando meio braço moreno e roliço... até a praça do Patrocínio, como uma grande senhora independente.

O romance que a despertou para sensações, desejos e mesmo as "porcarias", como aquela de beber champanhe na boca de um homem, que Lídia transformou de texto em prática era *O primo Basílio*, novidade extraordinária para quem até então

> [...] só lera romances de José de Alencar, por uma espécie de bairrismo mal compreendido... que regalo aquelas cenas da vida burguesa! A primeira entrevista de Basílio com Luiza causou-lhe uma sensação estranha, uma extraordinária superexcitação nervosa; sentiu como formigueiro nas pernas, titilações em certas partes do corpo, prurido no bico dos

---

[62] Adolfo Ferreira dos Santos Caminha (Aracati, 29 de maio de 1867 – Rio de Janeiro, 1 de janeiro de 1897) foi um escritor brasileiro, ligado à corrente do naturalismo, no Brasil. Mudou-se para o Rio de Janeiro ainda na infância. Em 1883, Adolfo entra para a Marinha de Guerra, chegando ao posto de segundo-tenente. Cinco anos mais tarde, transfere-se para Fortaleza (1888). Apaixona-se por Isabel de Paula Barros, a esposa de um alferes, que abandona o marido para viver com Caminha. O casal teve duas filhas: Belkiss e Aglaís. Na sequência do escândalo, vê-se obrigado a deixar a Marinha e passa a trabalhar como funcionário público.

[63] Esteve recentemente em cena no Rio de Janeiro uma adaptação do romance Bom-Crioulo, livre adaptação do romance de Adolfo Caminha, que ganhou montagem teatral pelas mãos do diretor Gilberto Gawronski e do ator Luís Salém.

[64] Lembro aqui o poema de Guerra Junqueiro: *A fome no Ceará*.

> seios púberes; o coração batia-lhe apressado, uma nuvem atravessou-lhe os olhos...[65]

Seu padrinho amava-a como se fosse um pai: "podia beijá-la – sem malícia – já se deixa ver – nas faces, na testa, nos braços e até, por que não? na boca"[66]. Era zeloso e não queria entregá-la para qualquer um, e aquele que começava a querer namorá-la, o filho do coronel, não era para seu bico, o que também afirmava, furioso, o pai do moço. O tal padrinho era mesmo um bilontra e já o mostrara ser quando ainda estava na política, e o desejo pela afilhada era avassalador e obsessivo. Começou a desprezar a mulher, que considerava uma mulher gasta, engravida a "rapariga nova e fresca"[67] e envia-a para o campo para evitar escândalos. Esperando o momento em que seu filho nasceria, João da Mata profere a máxima filosófica do livro: "*É*, pensava ele, roendo o canto das unhas. Um bom útero é tudo na mulher: equivale a um bom cérebro!"[68].

Ao nascer, o bebê morre e ela volta para Fortaleza para concluir o curso na Escola Normal. Ela era outra:

> [...], corada com uma estranha chama de felicidade no olhar – nem parecia a mesma. Até o edifício tinha-se pintado de novo para recebê-la. O programa era outro, mais extenso, mais amplo, dividido metodicamente em educação física, educação intelectual, educação nacional ou cívica, educação religiosa... pelos moldes de H. Spencer e Pestalozzi; o horário das aulas tinha sido alterado, havia uma escola anexa de aplicação, estava tudo mudado!

As notícias da República finalmente chegavam e João da Mata indignou-se:

> Expulsar do trono um Monarca da força de D. Pedro II, mandá-lo para o estrangeiro doente e quase louco, é o cúmulo da ignorância e da selvageria! E Maria do Carmo agora noiva do alferes Coutinho, da polícia, via diante de si um futuro largo, imensamente luminoso, como um grande mar tranquilo e dormente.

---

[65] Como não lembrar de Madame Bovary, de Gustave Flaubert? Publicado em 1856, só foi traduzido no Brasil em 1931. O romance de Caminha é de 1893. Disponível em: http://periodicos.unb.br/index.php/belasinfieis/article/viewFile/8490/6460. Acesso em: 16 jan. 2024.

[66] Disponível em: https://pt.wikisource.org/wiki/A_Normalista/XIII. Acesso em: 16 jan. 2024.

[67] Disponível em: https://pt.wikisource.org/wiki/A_Normalista/XIII. Acesso em: 16 jan. 2024.

[68] Disponível em: https://pt.wikisource.org/wiki/A_Normalista/XIII. Acesso em: 16 jan. 2024.

2.2 CAI O PANO; FIM DE *A NORMALISTA*

Mas nem sempre a coisa, dizeres, saberes e práticas estiveram entregues aos romances. Em carta escrita por volta de 1886, Constância Guimarães, uma jovem moradora de Ouro Preto, responde a consulta que lhe faz a prima, moradora da Corte:

> A respeito o que me escreveste, digo que ignorava a revolta das normalistas contra o Samuel, mas se isso é verdade, julgo que essas moças não são tão estúpidas como eu pensava, apezar de que, nenhuma entrou em exame de arithméthica e só a Ignez e a Paulina entrarão no de portuguez saindo reprovadissimas. As do segundo anno fizerão todas os exames e passarão para o 3° e as do 3° tirarão seus títulos.

Revolta das normalistas? Samuel? Ainda não sabemos grande coisa sobre isso... Mesmo sendo dona de um estilo e de uma ortografia corretíssimos, Constancinha considerava as normalistas estúpidas (não inteligentes) – e ela, para ser tão especial, onde teria estudado? O que fazia dela diferente das outras?

Muitos anos depois, em 1927, um eminente doutor, professor Antônio Ferreira de Almeida Junior,[69] em discurso de paraninfo, enfim descortinou "O que pensam as normalistas", baseado em séria pesquisa científica: "... após terminados os deveres, dei, a cada uma das 37 professorandas presentes, uma folha de papel, e ao mesmo tempo apresentei-lhes quatro perguntas sobre os aspectos mais salientes da vida de uma moça. [...] A primeira, como de direito, foi quanto ao casamento".[70]

Ficaria muito longo reproduzir as considerações do professor e a transcrição de parte das respostas que colheu. Merece destaque "O problema do chupim", trecho no qual explica que o *chupim* é aquele homem que quer se casar com as professoras

> [...] por causa do ordenado, pobre e caluniada criatura que elas designam pelo nome exato, com todas as letras. Infeliz chupim [...] Tamanha abnegação, tamanho sacrifício, que encerram quase a renúncia do próprio sexo, merecem das

---

[69] Paulista, nasceu em 8 de junho de 1892 e morreu no dia 4 de abril de 1971. Foi professor primário, médico, doutor em Medicina e Cirurgia, livre-docente e professor Catedrático de Medicina Legal e de Biologia Educacional, e ocupou cargos públicos de direção no ensino público. Em 1932 foi signatário do Manifesto dos Pioneiros da Educação Nova (FAVERO, Maria de L. Albuquerque; BRITTO, Jader de Medeiros. *Dicionário de educadores no Brasil: da colônia aos dias atuais*. Rio de Janeiro: Editora da Universidade Federal do Rio de Janeiro, 1999, p. 82-88).
[70] ALMEIDA JUNIOR, Antônio Ferreira. *A escola pitoresca e outros estudos*. São Paulo: Nacional, 1966, p. 103-107.

almas compassivas uma grande simpatia, e não a campanha de ridículo que se move ao respectivo titular.

Ironia? Sarcasmo?

"Se me casar evitarei os chupins. Se ficar tia, creio que serei muito ranzinza, bisbilhoteira e um pouco sovina".[71]

Todas se consideravam felizes, mais ainda quando casassem e tivessem muitas crianças para cuidar: "Meu noivo é bonitinho, está bem de fortuna, é de boa família e tem um automóvel. Que mais devo querer?".[72]

A segunda pergunta quis saber o que pensávamos – nós, normalistas – sobre a vida econômica. Não se sabia ao certo de quanto era o salário, "... mas esperam fazer maravilhas com seu ordenado de professora [...] dará para viver folgadamente e ainda sobrará para distribuir aos pobres".

A terceira pergunta: "Qual seria a notícia que, atualmente mais a agradaria?" Respostas, excluindo quatro que queriam a do próprio casamento: "– ser nomeada; ter cadeira garantida; a nova reforma vai facilitar a nomeação, para a capital, das que, como nós, fizeram três anos de curso complementar e cinco de normal".

Por fim, a quarta e mais importante pergunta:

> O Estado mantém, por via de impostos onerosos, o aparelho complicado e caro da Escola Normal. [...] E agora que vós utilizastes da minha Escola, que estais formadas, que recebestes o vosso pergaminho, qual o caminho que ides seguir? Como pretendeis desempenhar-vos do compromisso implícito que assumistes, ao requererdes a vossa matrícula?

O autor do inquérito reúne em grupos as respostas: 1 → ainda não resolveu ("Depois de descansar e engordar numa fazenda, é que vou resolver"); 9 → não pretendem lecionar; 4 → irão lecionar mais ou menos contrariadas; 7 → só ensinarão na capital; e como isso é praticamente impossível, ou irão ensinar contrariadas ou não ensinarão; 4 → impõem condições do que depende a decisão; 12 → finalmente estão dispostas ao trabalho, onde quer que seja, com o máximo de entusiasmo. Sobre essas 12, o autor as chama de "as doze abnegadas"[73] – uma dúzia de soldados abnegados da educação, prontas à obediência, dispostas a levar a boa palavra aonde quer que fosse.

---

[71] Idem.
[72] Idem.
[73] Abnegar = renunciar a (os próprios interesses e/ou as tendências naturais) ou sacrificar-se em benefício de outrem ou em nome de uma ideia, de uma causa.

Chega, não chega? Sobretudo – e destaco isso com muita ênfase: não sei se o tom do autor é sério ou irônico (embora a ironia seja uma figura de retórica seríssima) ou uma gozação com todos os sinônimos que o dicionário me dá.[74]

Não é o que elas dizem que me dá arrepios, elas são as mesmas mulheres sobre quem tripudiaram dizendo que um bom útero é tão bom ou melhor do que um bom cérebro... Estavam na luta, bem ou mal estavam estudando, saíram de casa e enfrentavam, naquele momento, o que se dizia sobre as profissões para homens e mulheres: "– Está bem; professora, é o que fica bem para uma moça. Pode ir". Era preciso permissão – de pais, irmãos mais velhos e maridos – para mulheres, e não só as mais jovens, fazerem qualquer coisa; até recentemente, até ter conta em banco ou abrir um crediário, como se dizia.

Naquela altura, os homens já estavam desertando (ou já haviam desertado) das salas de aula da educação primária.[75] Mas lá estavam, dos postos mais altos, comandando-nos, dizendo que sim e que não, inventando reformas, inquéritos e planos para os cursos a serem dados por nós. Afrânio Peixoto[76] disse que o homem que se dedica ao magistério é um capão de pinto, que renunciou à sua forma de ser masculina (cito de memória, desculpem).

Então é assim: nada deu certo. Está tudo errado! As professoras são ruins e o ensino que ministram pior ainda. Nem sabem fração...

Aqui, eu-normalista, poderia tomar o atalho de imaginar o que vou fazer, pobre de mim, tão humana e limitada, diante de um mestre ilimitado e disponível a todos. Perguntei a ele, o mestre e professor que sabe tudo: Mr. Google, como fazer fração? E ele acreditou em mim e já me pôs um passo à frente: "Como fazer uma equação com radiciação e fração no Word". Quem mandou perguntar? Só que não tenho agora, nem nunca tive, qualquer interesse em aprender fração. Nesse sentido ele, o mister, vale tanto quanto uma professora diante de alunos e alunas desinteressados e não vai conseguir ensinar. Sei que sempre exagero, mas é ampliando que se consegue ver detalhes, e o diabo mora é no detalhe. É bom para pensar cruamente.

---

[74] Avacalhação; chacota; chasco; escárnio; irrisão; sátira; zombaria.

[75] Mas mesmo para as professoras secundárias foi dito: Como escolherdes uma especialidade não vos deveis em benefício de vossa função de professoras secundárias, querer vos entregar à pesquisa que nas letras, nas artes e nas ciências se aprestam aos sábios. Vosso quadro de atividade é outro. Como professoras secundárias cabe-vos a obra de vulgarização.

[76] Afrânio Peixoto escreveu *Eunice ou história da educação da mulher* (1947). A edição de 1936 é apenas *História da educação da mulher*.

Exagero, leio e escuto coisas que nem todos escutam ou leem. Vejam o que eu li, mesmo que o mais importante foi ter escutado:

> O querer é infinito
>
> E a execução confinada.
>
> O desejo é sem fronteiras
>
> E o ato um escravo do limite.[77]

Por que nunca me contaram que o desejo é sem fronteiras, mas o ato é um escravo do limite? Olha que tive muitas aulas na minha vida... E foi preciso que Shakespeare viesse abrir meus olhos!

Vou fazer mais uma vez o exercício de pensar cruamente. Em situações extremas, é necessário pensar o pensamento cruamente, sem lapidação, tomar a linguagem literalmente, sem dar folga, não tanto às teorias, mas às palavras.[78] Pensar também é sem limites, mas esbarro, ainda, e mais uma vez sem estar avisada, com o limite da minha existência e da existência do outro.

Não conseguimos pensar o pensar e não conseguimos ficar sem pensar, tal como não conseguimos não respirar, e ninguém pode saber o que penso, e ninguém pode pensar meus pensamentos. Essa é uma das tristezas do pensamento.[79] Daí a importância da palavra. Importante, mas limitada: limite, mais uma vez.

Mas sempre que o esbarro no limite acontece, e o fracasso eclode e fazem uma barulheira infernal, eu me pergunto: então é impossível e não me disseram nada? Que é impossível não é novidade, embora continue havendo controvérsias, pois sei que hoje, nesta faculdade e em outras, há professores trabalhando sobre o assunto.

Há uma frase de um certo Nicolas Boileau, que viveu nos séculos XVII e XVIII na França, que diz: "Cent fois sur le métier remettez votre ouvrage!". Em uma tradução livre e desimpedida de amarras que eu mesma fiz: quanto mais se trabalha sobre um assunto, uma ideia, melhor o compreendemos.

---

[77] William Shakespeare. *Tróilo e Créssida* (no original em inglês, *Troilus and Cressida*).
[78] Por exemplo, é tão interessante o uso dos verbos para dizer da mesma coisa: dar aulas; lecionar; ensinar. Sobre o pensar cruamente: Benjamin; Brecht; Hannah Arendt; Georges Steiner.
[79] O maravilhoso texto de G. Steiner na revista *Serrote*, 12. "Dez (possíveis) razões para a tristeza do pensamento".

É por isso que volto sempre a esta ideia, que encontramos em Freud, que colheu de Kant:[80] a educação é uma das tarefas impossíveis.

Como se sabe, Freud nunca se dedicou especialmente à educação. É bastante conhecida (e, às vezes, muito mal interpretada) a frase dele em que nos diz, sem complacência, que educar é um ofício impossível ou uma tarefa impossível. Ora, esse impossível exige-nos trabalho, pois é dele o limite que nos aponta as incertezas, as desilusões, a incongruência humana, o mal-estar na educação e na cultura.

Educar é uma ação que alguém pode exercer sobre outro por meio da palavra. Entretanto, como disse Santo Agostinho,[81] as palavras nada ensinam, mas nada se ensina sem as palavras.[82] E, infelizmente, para nós, humanos, que nem sempre sabemos disso, a palavra é muito mais poderosa do que pensamos que ela seja. Não a controlamos.

> Durante séculos, os homens se gabaram de que eram os únicos seres vivos do planeta a poder falar, mas até hoje não acreditam que não dizem só o que querem e que as palavras não dão conta de tudo. Assim é também no ato de educar: quando quem educa ou quem ensina imagina estar se dirigindo ao Eu do outro, criança ou adulto, "o que está atingindo, sem sabê-lo, é o seu Inconsciente; e isto não ocorre pelo que crê comunicar-lhe, mas pelo que passa do seu próprio Inconsciente através de suas palavras". Assim, os limites dessa ação de educar encontra sua impossibilidade no fato de que não se submete o Inconsciente – é ele que nos sujeita. É verdade que não há outro domínio possível senão o do Eu, aquele que se exerce conscientemente, mas trata-se de um domínio ilusório, pois o Inconsciente demonstra possuir um peso muito maior que todas as intenções conscientes.[83]

Seriam, então, as palavras mais poderosas do que os métodos que usamos para transmitir conhecimentos? Em última instância, as palavras independeriam dos métodos? Não são os métodos que as faculdades e os cursos de formação de docentes ensinam-nos como sendo eficazes ou não

---

[80] Marcelo Ricardo Pereira desvenda a origem e localiza-a em Kant, em seu Sobre a pedagogia. Cf. PEREIRA, Marcelo Ricardo. Os profissionais do impossível. *Educação e Realidade*, Porto Alegre, v. 38, n. 2, p. 485-499, 2013.. Cf, também, PEREIRA, Marcelo Ricardo; SANTIAGO, Ana Lydia Bezerra; LOPES, Eliane Marta Teixeira. Apresentação: dossiê Psicanálise e Educação. *Educação em Revista*, Belo Horizonte, v. 25, n. 1, p. 141-148, 2009.

[81] Volto a insistir na importância da leitura da obra de Santo Agostinho, *De Magistro*.

[82] LOPES, Eliane Marta Teixeira. *Da sagrada missão pedagógica*. 2. ed. Belo Horizonte: Autêntica, 2017.

[83] LOPES, Eliane Marta Teixeira. A educação (não) é tudo. *Estilos da Clínica*, São Paulo, v. 8, n. 15, p. 112-123, 2003, p. 120. p. 119.

eficazes, competentes ou não competentes, para transmitir determinado conteúdo? O impossível poderia, então, estar articulado a essa função da palavra.

Entretanto é bom que nos lembremos, impossibilidade não é nem impraticabilidade, nem impotência.

> Dizer que a educação é impossível é dizer desse mal-estar que ronda permanentemente nossa ação e nossos escritos. É dizer de nossa construção permanente em torno de um furo, tarefa incessante para quem se dispõe a fazer este caminho. Além disso, é preciso admitir que *o ego não é o senhor da sua própria casa*, coisa difícil para a educação, que pretende sempre, a qualquer custo sustentar e conservar isto de onde vem seu prestígio: a ilusão de que determina o futuro. (grifos do original).[84]

Mas também podemos afirmar que a educação é interminável, pois onde está o seu futuro? Em que ponto ele se situa? Quem o prevê? Em que momento aparece e já é futuro? Podemos ficar aborrecidos com a denúncia de que para o nosso trabalho o insucesso está previsto desde o começo, ou com o insuficiente sucesso de nossa ação, como queria Freud, mas é que não há uma necessária causalidade entre o que fazemos e o resultado, não há "causalidade" entre os meios pedagógicos utilizados ou as palavras e os efeitos obtidos.

O futuro não está nem é determinado pelo que fazemos ou mesmo que deixamos de fazer, mesmo que as doutrinas, os métodos e as técnicas, e a prática pedagógica, visem primordialmente ao controle e à garantia do sucesso da ação. E mesmo que isso deva ser feito, nada pode garantir o sucesso da educação. Isso traz sofrimento, isso traz mal-estar, isso provoca a "ilusão de um futuro" e, por qualquer futuro, melhor seria não tecer ilusões.

Há uma frase que vale, em contraponto a Freud, para todos nós, professores e professoras, no nosso cotidiano arrebatador, encantador, furioso, violento, apaixonante:

---

[84] LOPES, 2003, p. 119.

2.3 NÃO SABENDO QUE ERA IMPOSSÍVEL, FOI LÁ E FEZ[85]

E fizemos: ensinamos crianças a ler, a escrever e a contar desde que o mundo é mundo. Não sabem interpretar um texto? Não sabem isso, não sabem aquilo? Nem todas. Nem todos. Tenho tido provas disso. Mas insistem: nada deu certo! Mas cá estamos – e para não dizer que não falei da pós-graduação –, na pós graduação.

Este texto poderia continuar... Fiz pesquisas e anotações de depoimentos de muitas professoras, alguns dilacerantes, outros maravilhosos,[86] mas ficaria mais longo do que já está e a esta altura em que escrevo já vejo o coordenador da mesa me olhando com olhos de "chega" e passando bilhetinhos.

Por fim, a mim, Eu, normalista, e a cada um e a cada uma que aqui está, resta pensar na pergunta: Afinal, o que querem de mim?[87]

> *Belo Horizonte, dia 29 de abril de 2015: dia em que professores e professoras do Paraná foram violentamente reprimidos em praça pública por estarem protestando contra os baixos salários e péssimas condições para ensinar. Deixo registrado que o governo do Paraná é do PSDB e não ouvimos qualquer comentário das lideranças desse partido. (grifos da autora).*

REFERÊNCIAS

ALMEIDA JUNIOR, Antônio Ferreira. *A escola pitoresca e outros estudos*. São Paulo: Nacional, 1966.

FAVERO, Maria de L. Albuquerque; BRITTO, Jader de Medeiros. *Dicionário de educadores no Brasil*: da colônia aos dias atuais. Rio de Janeiro: Editora da Universidade Federal do Rio de Janeiro, 1999.

GOUVÊA, Maria Cristina Soares; ROSA, Walquiria Miranda. A escola normal de Minas Gerais. *In*: FARIA FILHO, Luciano; CASASSANTA, Ana Maria (org.) *Lições*

---

[85] A frase "Não sabendo que era impossível foi lá e fez" é muitas vezes atribuída a Jean Cocteau. Contudo outros a atribuem a Mark Twain: *"They did not know it was impossible, so they did it!"*.

[86] No sentido do que encerra maravilha ou prodígio, ou que é inexplicável racionalmente; intervenção sobrenatural que muda o curso da ação numa tragédia, epopeia etc.

[87] Por essa razão, o Che vuoi? de Lacan (essa expressão quando utilizada por Lacan foi retirada do conto de J. Cazotte: Le diable amoureux) não é simplesmente um questionamento traduzido como "O que você quer?", mas, mais ainda, um questionamento como "O que está enlouquecendo você? O que é isso em você que te faz tão insuportável não apenas para nós, mas também para você mesmo, que você mesmo obviamente não domina?" (ZIZEK, 2009).

de Minas: 70 anos da Secretaria da Educação de Minas Gerais. Belo Horizonte: Secretaria de Estado da Educação de Minas Gerais, 2000.

LOPES, Eliane Marta Teixeira. *Da sagrada missão pedagógica*. 2. ed. Belo Horizonte: Autêntica, 2017.

LOPES, Eliane Marta Teixeira. *A educação (não) é tudo*. Estilos da Clínica, São Paulo, v. 8, n. 15, p. 112-123, 2003.

PEREIRA, Marcelo Ricardo; SANTIAGO, Ana Lydia Bezerra; LOPES, Eliane Marta Teixeira. Apresentação: dossiê Psicanálise e Educação. *Educação em Revista*, Belo Horizonte, v. 25, n. 1, p. 141-148, 2009.

PEREIRA, Marcelo Ricardo. Os profissionais do impossível. *Educação e Realidade*, Porto Alegre, v. 38, n. 2, p. 485-499, 2013.

VICENTINI, Paula Perin. *Imagens e representações de professores na história da profissão docente no Brasil (1933-63)*. 2002. 185 f. Tese (Doutorado em Educação) – Faculdade de Educação, Universidade de São Paulo, São Paulo, 2002.

VILLELA, Heloisa de Oliveira Santos. O mestre-escola e a professora. *In*: LOPES, Eliane Marta Teixeira; FARIA FILHO, Luciano Mendes de; VEIGA, Cynthia Greive. *500 anos de educação no Brasil*. Belo Horizonte: Autêntica, 2000.

ZIZEK, Slavoj. *Che vuoi? à Fantasia*: Lacan com De olhos bem fechados. Disponível em: http://naturezaemclose.blogspot.com.br/2009/03/do-che-vuoi-fantasia-lacan-com-de-olhos_4816.html. Acesso em: 17 out. 2023.

3

DAS ESCOLAS NORMAIS À PÓS-GRADUAÇÃO: 180 ANOS DE HISTÓRIA DA FORMAÇÃO DE PROFESSORES NO BRASIL

CARLOS ROBERTO JAMIL CURY

INTRODUÇÃO

O Brasil tem uma longa, diversificada e não pouco tensa maneira institucional de formação de docentes. Nesses vários modos de fazê-la há uma data, que é 1835, em que, na cidade de Niterói, é instituída a primeira Escola Normal no Brasil, já sob o Ato Adicional de 1834.

Entrementes, a primeira lei geral de educação no Brasil, a de 15 de outubro de 1827, previa em seu art. 5º que "os professores; que não tiverem a necessária instrução deste ensino, irão instruir-se em curto prazo e à custa dos seus ordenados nas escolas das capitais". A provisão das cadeiras, consoante o art. 7º, seria feita perante uma banca, em sessão pública, sendo promovidos e nomeados aqueles que fossem julgados mais dignos, no "gozo de seus direitos civis e políticos, sem nota na regularidade de sua conduta". O art. 3º dispunha sobre um piso salarial geral com uma ressalva importante no art. 13: "as mestras vencerão os mesmos ordenados e gratificações concedidas aos mestres." Tais cargos seriam vitalícios, salvo se julgados em sentença condenatória.

Vê-se, pois, que já lá, em 1827, prevê-se concurso público, piso salarial, não discriminação de gênero e gratificações. Perceba-se que, *mutatis mutandis*, está em embrião o inciso V do art. 206 da atual Constituição Federal de 1988: "valorização dos profissionais da educação escolar, garantidos, na forma da lei, planos de carreira, com ingresso exclusivamente por concurso público de provas e títulos, aos das redes públicas"

Este capítulo pretende trazer alguns elementos históricos e legais entre esses dois marcos significativos da formação de professores no Brasil.

3.1 FORMAÇÃO DOCENTE NO BRASIL: AS CINCO POSSIBILIDADES

A formação docente no Brasil conheceu várias maneiras de instituí-la e, atualmente, pode-se apontar cinco possibilidades de se fazê-la.

A primeira e a mais antiga é a do curso Normal em nível médio. Essa maneira profissionaliza docentes para atuarem em estabelecimentos de educação infantil e dos cinco primeiros anos de escolaridade. Esse formato continua vigente e em vigor, seja pela Lei de Diretrizes e Bases da Educação Nacional (art. 62), seja pelo Plano Nacional de Educação: 2014-2024 (meta 15, estratégia 09).[88]

No âmbito da produção da História da Educação há muitos trabalhos de boa qualidade sobre os desdobramentos desses cursos desde o Império. Esses trabalhos podem ser conferidos nas várias revistas voltadas para a história da educação no Brasil, entre outras constantes do Qualis Capes.

Após 1996, com as Diretrizes e Bases da Educação Nacional, Lei n.º 9.394/96, art. 63, foi criado o curso Normal Superior, com os mesmos objetivos do curso Normal em nível médio, mas com formação superior. Esse curso, segunda possibilidade de formação, deve situar-se nos Institutos Superiores de Educação (ISE), segundo o mesmo artigo.[89]

A partir dos anos 1980, muitas universidades passaram a oferecer, dentro dos cursos de Pedagogia, a modalidade que habilitava os formados para lecionar na educação infantil e nos então quatro primeiros anos da escolarização. É a terceira possibilidade.[90] Esse modo de oferta foi regulamentado pelo Parecer CNE/CP n.º 05/2005 e pela Resolução CNE/CP n.º 01/2006, normatizando o art. 64 da LDB.

Para os anos subsequentes aos cinco primeiros há a exigência dos cursos de licenciaturas para as disciplinas específicas, tais como a língua e a literatura, a matemática, a geografia, a história, a física, a química, as artes, a filosofia, a sociologia e a biologia, entre outras. É a quarta possibilidade. Sua normatização foi dada pelos Pareceres CNE/CP n.º 09/01 e n.º 28/01 que,

---

[88] A Lei n.º 12.796/2013 revogou o § 4o do art. 87 da LDB. Sobre a validade intertemporal e atual desses cursos, Cf. Parecer CNE/CEB n. 03/03 e Resolução CNE/CEB n. 01/03.

[89] O Decreto n.º 3.276, de 1999, determinava que a formação de pedagogos se desse exclusivamente nesse curso. Essa redação, porém, foi alterada pelo Decreto n.º 3.554/2000, que substituiu a expressão anterior por preferencialmente. A Resolução CNE/CP n.º 01/06, pelo art. 11, possibilita que as instituições que ofereçam curso Normal Superior possam converter-se na licenciatura em Pedagogia, nos termos da mesma Resolução.

[90] Sobre essa opção, própria da autonomia da Universidade, há uma produção que pode ser vista em www.anfope.org.br.

respectivamente, fundamentaram a Resolução CNE/CP n.º 01/02 ("Institui Diretrizes Curriculares Nacionais para a Formação de Professores da Educação Básica, em nível superior, curso de licenciatura, de graduação plena") e a Resolução CNE/CP n.º 02/02 ("Institui a duração e a carga horária dos cursos de licenciatura, de graduação plena, de formação de professores da educação básica em nível superior"). Essas resoluções foram substituídas pela Resolução CNE/CP n.º 02/2015 que, por sua vez, foi revogada pela Resolução CNE/CP n.º 02/2019, que exarou as Diretrizes Curriculares Nacionais para a Formação Inicial de Professores para a Educação Básica e estabeleceu a Base Nacional Comum para a Formação Inicial de Professores da Educação Básica (BNC-Formação).[91]

Existe também, em casos especiais, a possibilidade de uma formação pedagógica para bacharéis que queiram dedicar-se à educação escolar e em cujos locais de atuação não haja professores habilitados em licenciaturas.[92] É uma quinta possibilidade que deve ser vista como transitória e está estabelecida pelo Parecer CNE/CP n.º 04/97 e pela Resolução CNE/CP n.º 02/97.[93]

Contudo essa apresentação sumária e descritiva deve ser vista de modo amplo e contextual. Nos últimos anos, o modelo institucional de formação docente no Brasil sofreu modificações significativas, pois esse é um campo permanente de tensões. As associações científicas e os estabelecimentos universitários – com a elevação do número de professores portadores do diploma de doutor ou de mestre –, passaram a contar com pesquisas avançadas (nacionais e internacionais) no assunto, questionando o status quo da formação existente e propondo alternativas.

A circulação internacional, propiciada pelo sistema nacional de pós-graduação, pela rapidez dos novos meios de comunicação e de informação, pela presença em congressos e eventos, foi fator determinante para novos pontos de vista. Também o ordenamento jurídico conheceu alterações a partir da Constituição Federal de 1988 e da Lei de Diretrizes e Bases da Educação Nacional (LDBEN), que formalizaram uma série de mudanças legais, entre as quais a maior autonomia dos estabelecimentos na definição curricular.

---

[91] Por forte reação de entidades ligadas à formação de professores, no momento em que este texto era revisado havia uma indefinição acerca da continuidade da sua vigência. (Nota do organizador)

[92] Por exemplo, em uma região distante, onde não haja um professor licenciado em Matemática, um engenheiro pode tornar-se docente desde que cumpra certas exigências de formação pedagógica. Mas isso deve ser considerado como uma exceção.

[93] A Resolução CNE/CP n.º 02/2015 normatiza a oferta de uma segunda licenciatura. A Resolução CNE/CP n.º 02/2019, que acompanha o Parecer CNE/CP n.º 22/2019, estabelece critérios para essa segunda licenciatura.

Vale considerar também a competência da normalização interpretativa das leis educacionais dada pelo Conselho Nacional de Educação (CNE), disposta pela Lei n.º 9.131/95 e confirmada pela LDB. Além disso, a prática revelou experiências e projetos levados adiante pelas instituições de ensino superior, especialmente nas universidades públicas.

Para se entender esse processo é necessário conhecer um pouco mais do Brasil, de sua organização político-administrativa e de aspectos contextuais significativos. Esses aspectos, aqui denominados *Preliminares*, devem servir de referência para um esboço de contextualização.

3.2 FORMAÇÃO DOCENTE NO BRASIL: PRESSUPOSTOS E CONTEXTO

O primeiro pressuposto é não ignorar a situação do Brasil em matéria socioeconômica e vê-lo como suscetível de superar, por meio de políticas sociais redistributivas e de reconhecimento, suas desigualdades sociais, disparidades regionais e discriminações culturais. Afirmar a relação entre o contexto socioeconômico e a educação é não se abster de um realismo indispensável para uma política educacional emancipatória.

Esse realismo é reconhecido pela Constituição Federal de 1988 quando, em seu artigo 3º, inciso III, lê-se que um dos "objetivos fundamentais da República"[94] é o de "erradicar a pobreza e a marginalização e reduzir as desigualdades sociais e regionais".

Nesse sentido, há um contraste provocativo com o art. 205 da Constituição, que dispõe para a educação "o pleno desenvolvimento da pessoa", justamente quando o art. 1º da mesma Lei Maior postula a "dignidade da pessoa humana".

Ora, não é novidade que nem a educação escolar foi prioridade efetiva de governos nacionais e regionais durante séculos, nem as heranças dessa situação foram eliminadas. Sabe-se o quanto a alta concentração da renda em camadas privilegiadas é perversa para o desenvolvimento social. O impacto dessa situação sobre as camadas populares e sobre o corpo docente é altamente negativo e interfere no acesso, na permanência e na qualidade da escolaridade oferecida.

---

[94] Constituição Federal, 1988.

Desse modo, a desigualdade econômico-social impacta diferencialmente os alunos de estratos socioculturais diferentes. Embora não se possa analisar essa afirmação de um ponto de vista mecanicista, os estudos de Pierre Bourdieu (1930-2002) são exemplares a esse respeito: há fatores que não são da escola, mas estão na escola, e há fatores que são da escola e, por consequência, estão nela.[95]

O segundo pressuposto a ser analisado é o conceito de educação básica. Trata-se de um conceito avançado, pelo qual o olhar sobre a educação ganha uma nova significação e uma nova estrutura. A educação básica é direito do cidadão e dever do Estado, e sua oferta na educação infantil (pré-escola), nos ensinos fundamental e médio, contempla todos os cidadãos brasileiros que, como tais, são titulares deste direito.[96]

A LDBEN, no art. 22, estabelece os fins da educação básica: "A educação básica tem por finalidade desenvolver o educando, assegurar-lhe a formação comum indispensável para o exercício da cidadania e fornecer-lhe meios para progredir no trabalho e em estudos posteriores".

Esse conceito, original e amplo, em nossa legislação educacional, é fruto de muita luta e de esforço histórico por parte de educadores.[97] Sua intencionalidade maior está posta no art. 205 da Constituição Federal: "A educação, direito de todos e dever do Estado e da família, será promovida e incentivada com a colaboração da sociedade, visando ao pleno desenvolvimento da pessoa, seu preparo para o exercício da cidadania e sua qualificação para o trabalho".

O art. 21 da LDBEN define um nível da educação nacional com três etapas sucessivas: a educação infantil, o ensino fundamental e o ensino médio.

A educação infantil,[98] primeira etapa da educação básica, subdivide-se em creche (de 0 a 3 anos) e pré-escola (de 4 a 5 anos). Esse segundo momento da educação infantil já é direito público subjetivo e obrigatório pela emenda constitucional 59/09 e pela Lei n.º 13.005/14 do Plano Nacional de Educação (PNE).

---

[95] Cf. a esse respeito: NOGUEIRA; NOGUEIRA, 2015.
[96] Procurei aprofundar esse conceito em CURY, Carlos Roberto Jamil. A educação básica no Brasil. *Educação e sociedade*, Campinas, v. 23, n. 80, p. 168-200, 2002a e em CURY, Carlos Roberto Jamil. A educação básica como direito. *Cadernos de Pesquisa*, Rio de Janeiro, v. 38, n. 134, p. 293-303, 2008.
[97] Desde 1932, a partir do famoso "Manifesto dos pioneiros da educação nova", os educadores empenham-se tanto pela ampliação do ensino obrigatório quanto pela formação superior dos docentes.
[98] A educação infantil é de responsabilidade executiva dos municípios que, nessa função, devem ser apoiados técnica e financeiramente pelos Estados e pela União, segundo o inciso VI do art. 30 da Constituição de 1988.

O ensino fundamental, atribuição concorrente de municípios e estados, que já era direito público subjetivo desde 1988, é gratuito em escolas públicas, obrigatório para todos e todas (na faixa de 6 a 14 anos), e podia, então, iniciar-se aos 6 anos. O ensino médio, etapa conclusiva da educação básica, competência dos estados, é gratuito nos estabelecimentos estatais e vai dos 15 aos 17 anos sendo também obrigatório nessa faixa etária e protegido pelo direito público subjetivo. Segundo a emenda constitucional n.º 59/09, a obrigatoriedade dos 4 aos 17 anos deveria estar universalizada a partir de 2016. E toda essa trajetória da educação básica tem à disposição o financiamento constitucional para dar conta do respectivo acesso e permanência.[99]

A formação docente voltada para a educação básica está diretamente intencionada a essas etapas. Na educação infantil e nos cinco primeiros anos do ensino fundamental estão habilitados a exercer o magistério os formados no curso Normal médio, no curso Normal Superior ou em cursos de Pedagogia. Já nos quatro últimos anos do ensino fundamental e nos anos do ensino médio só podem exercer o magistério os formados em licenciaturas ou, excepcionalmente, os que fizeram a formação pedagógica supramencionada.

Um terceiro pressuposto resulta, então, da mola insubstituível que põe em marcha esse direito a uma educação básica: a ação responsável do Estado e suas obrigações correspondentes.[100] Sendo a educação escolar um serviço eminentemente público da cidadania, a nossa Constituição reconhece-a como o primeiro dos direitos sociais e como dever do Estado, em seu artigo 6º: "São direitos sociais a educação, a saúde, o trabalho, a moradia, o lazer, a segurança, a previdência social, a proteção à maternidade e à infância, a assistência aos desamparados, na forma desta Constituição".

Quando autorizada pelo Estado a oferecer esse serviço, a instituição privada pode prestar esse serviço de caráter público inerente à educação escolar (finalidade) ainda que sendo pessoa jurídica de direito privado (meio), sujeita ao ordenamento educacional.

Um quarto pressuposto refere-se ao caráter federativo do Estado Nacional Brasileiro. O Brasil, Estado Democrático de Direito, é um país

---

[99] O financiamento da educação no Brasil está disposto na Constituição. A União deve dispender 18% em educação tomando-se como referência o conjunto de seus impostos. Já os estados, municípios e Distrito Federal devem aplicar, pelo menos, 25% dos seus impostos. O Fundeb (emenda n.º 53/06 e Lei n. 11.494/07), após o Fundef (emenda n.º 14/96 e Lei n.º 9.424/96), subvinculou percentuais para as etapas e modalidades da educação básica. Hoje, o Fundeb está estabelecido na emenda constitucional n.º 108/2020.

[100] Procurei desenvolver esse aspecto em CURY, Carlos Roberto Jamil. Direito à educação: direito à igualdade, direito à diferença. *Cadernos de Pesquisa*, Rio de Janeiro, n. 116, p. 245-262, 2002b.

federativo.[101] O Brasil é, pois, uma República Federativa formada pela união indissolúvel dos estados, municípios e Distrito Federal, todos entes federativos e autônomos em suas áreas de competências. E um país federativo supõe o compartilhamento do poder e a autonomia relativa das circunscrições federadas em suas áreas de competências próprias.

Outra característica de uma organização federativa é a não centralização do poder em um único lócus, ou seja: um certo grau de unidade convive com o partilhamento relativo de poderes sem amordaçar a diversidade. E, na forma federativa adotada pela CF/88, com 27 estados e mais de 5.500 municípios, a realização do sistema federativo deve(ria) dar-se por um regime de cooperação recíproca constitucionalmente prevista no art. 211. Sem esse regime cooperado e recíproco, que inclui a divisão de tributos, dificilmente o Brasil encontrará os caminhos para superar os problemas que o atingem. E sem a compreensão do federalismo também ficará difícil entender os modelos institucionais de formação docente.

Para dar conta desse modelo federado e cooperativo, a Constituição compôs um ordenamento jurídico complexo no qual coexistem as finalidades gerais e comuns com competências privativas de cada ente federativo, competências concorrentes entre si, com a eventual possibilidade de delegação delas. Junto a elas, associam-se também as competências comuns a todos os entes federativos.[102]

Percebe-se, pois, que, ao invés de um sistema hierárquico/dualista, comumente centralizado, a Constituição Federal montou um sistema de repartição de competências e atribuições legislativas entre os integrantes do sistema federativo, dentro de limites expressos, reconhecendo a dignidade e a autonomia de cada um enquanto poderes públicos e a necessidade da cooperação recíproca e entendimento mútuo entre os entes federativos.

No caso da educação escolar, a Constituição, pela emenda n.º 59/09, optou por estabelecer um sistema nacional de educação. A escolha foi por uma pluralidade de sistemas de ensino (art. 211), cuja articulação mútua

---

[101] Procurei desenvolver esse aspecto em CURY, Carlos Roberto Jamil. Por um Plano Nacional de Educação: nacional, federativo, democrático e efetivo. *Revista Brasileira de Política e Administração da Educação*, Porto Alegre, v. 25, n.1, p. 13-30, 2009. Cf. OLIVEIRA, Romualdo Portela de; SANTANA, Wagner (org). *Educação e federalismo no Brasil*: combater as desigualdades, garantir a diversidade. Brasília: Organização das Nações Unidas para a Educação, a Ciência e a Cultura, 2010.

[102] Isso possibilita tanto a existência de uma rede pública de ensino superior nos estados quanto uma margem de flexibilidade para eles e para suas instituições, inclusive em planos de carreira, cargos e salários dos docentes, desde que observadas as normas gerais nacionais.

exige uma engenharia consociativa por meio de finalidades gerais comuns e respeito às competências federativas. Temos quatro sistemas de educação: o federal, os estaduais, os municipais e o distrital,[103] encimado agora pelo Sistema Nacional de Educação.[104] As leis nacionais, com suas normas e diretrizes gerais, devem ser acatadas por todos os sistemas.

A situação educacional do país, em contraste com os benefícios que a educação propicia e em contradição com os valores sustentados por uma legislação avançada, revela-se precária em vários aspectos, sendo um deles a formação de docentes.

A formação de docentes para atuar na educação escolar, desde que a educação deixou de ser um quase monopólio das famílias e a sociedade se complexificando, foi se tornando uma função de Estado. E, nesse sentido, passou a ser um assunto de políticas sociais, pelo menos desde o final da década de 1930.

Essa realidade histórica adquiriu grande visibilidade quando a educação dos anos iniciais da escolarização foi se universalizando como um direito da cidadania. Esse direito, tardiamente consagrado, ocorreu na Constituição de 1934 e abrangeu os quatro primeiros anos. Desse modo, a formação para essa etapa continuava, como desde o Império, passando pela Velha República, no âmbito dos estados (ex-províncias).

Hoje, a preparação formativa de docentes para atuar na educação escolar básica, de qualquer ponto de vista, revela-se estratégica para as diferentes concepções que embasam diferentes propostas. Governos, entidades empresariais e sindicais, associações profissionais, movimentos da sociedade civil, organizações não governamentais e, sobretudo, entidades ligadas às instituições formadoras, convergem na importância da educação escolar para uma presença atuante do cidadão em sua vida profissional e política.[105]

Certamente, não seria de se esperar que, de tantas instâncias diversas e diferentes, viesse a se conseguir um consenso a priori. Esse patamar de pactuação só é possível se considerarmos, de um lado, a dinâmica dos conflitos e a busca do entendimento por meio do diálogo e, de outro, o

---

[103] O sistema distrital refere-se ao Distrito Federal, em cujo território situa-se Brasília, a capital federal.
[104] Sobre a noção de Sistema Nacional de Educação, cf. SAVIANI, Dermeval. *Sistema Nacional de Educação e Plano Nacional de Educação*. Campinas: Autores Associados, 2014.
[105] A título de exemplo, veja-se tanto a atuação da Campanha pelo Direito à Educação, quanto a do Todos pela Educação. Com diferentes perspectivas e atores, ambas proclamam a importância da formação docente que seja sólida e estruturada.

ordenamento jurídico que, no caso da educação escolar, é um direito juridicamente protegido.

Essa presença múltipla e plural no debate só confirma a importância da formação docente. Se ontem a assinalação dessa importância já era evidente, hoje ela é imprescindível e estratégica. Mas ela passa a depender da qualidade da formação dos educadores. No eixo dessa preparação, é evidente o papel fundamental dos governos que compõem a federação nacional, cada qual dentro de suas respectivas atribuições. Porém não se pode deixar de considerar também, como participante das políticas sociais, a presença do movimento dos educadores e outros interessados na efetivação de condições favoráveis ao êxito da educação escolar dentro dos princípios e objetivos estabelecidos na Constituição e nas leis educacionais. Entre tais condições assinale-se, junto à formação inicial, a inserção na carreira, o piso salarial, a atuação profissional e a avaliação qualitativa de desempenho.

Não resta dúvida, hoje, que a legislação implica os estados no seu dever de propiciar uma formação inicial e continuada aos docentes e que esse direito articula-se a uma educação cuja qualidade social não pode ficar confinada aos limites de poucas escolas. Essa formação não pode fugir de seu compromisso básico com a docência cujo processo formativo não dispensa nem o ato investigativo da própria práxis, nem o contato com a produção intelectual qualificada da área.

Eis o motivo de o atual Plano Nacional de Educação, 2014-2024, dispor de quatro metas específicas (metas 15, 16, 17 e 18) voltadas para a formação docente, afora as estratégias de cada etapa da educação básica.

A pergunta mais ampla que se tira desse quadro é óbvia: quanto de igualdade social ainda é preciso para que se atinja uma cidadania nacional digna dos direitos civis, políticos e sociais? Mais do que isso: quais são as reais oportunidades de sustentação da democracia quando a desigualdade não dá mostras de efetivo recuo?[106] Será possível a exclusiva responsabilização dessa realidade por conta da formação dos docentes? Certamente é

---

[106] Segundo um estudo feito pela Universidade Estadual de Campinas (Unicamp), para reverter a situação social, seria preciso o aporte de 2,8 trilhões de dólares em 15 anos. Dentro disso, a educação deveria contar com 650 bilhões de dólares nos mesmos 15 anos. O PIB brasileiro está em torno de 1 trilhão e 300 milhões de reais, ou seja, algo em torno de 500 bilhões de dólares ou 360 bilhões de euros. Hoje, o gasto oficial com toda a educação pública (básica e superior) está perto dos 54 bilhões de reais, ou seja, 15 bilhões de euros ou 21 bilhões de dólares. Isso significa perto de 4% do PIB. Note-se que a meta 20 do PNE estipula que, em 10 anos, progressivamente, o financiamento da educação alcance os 10% do PIB.

necessária, mas não suficiente à vista do quadro complexo que estrutura a educação nacional.

Estamos diante de um desafio instaurador de um processo cuja efetivação amplia a democracia e educa para a cidadania, rejuvenesce a sociedade e irriga a economia. Além dessa formação de profissionais qualificados, há que se olhar para a distribuição da renda e da riqueza de modo que as famílias com renda mais elevada possam oferecer condições, em casa, para o desenvolvimento dos seus filhos e filhas, e uma administração mais racional dos recursos, com controle social e gestão democrática, como a participação mais ativa dos Conselhos de Educação e do Fundeb.

Sem a compreensão dessas preliminares, especialmente a do modelo federativo que abriga sistemas autônomos de ensino, não se entenderá o sistema de formação de docentes no Brasil, nem os limites e as possibilidades de sua atuação.

3.3 A FORMAÇÃO DOCENTE: UMA HISTÓRIA COMPLEXA

Em 1827, o Brasil-Império conheceu sua primeira lei geral de educação a fim de fazer jus ao mandamento constitucional da gratuidade do ensino primário (primeiras letras) para os considerados cidadãos. Ela pressupunha a formação de docentes como incumbência dos poderes gerais, isto é, do poder imperial.

Contudo a formação de docentes para o ensino primário passou a ser levada adiante pelas províncias como consequência do Ato Adicional de 1834. Desde então, por conta da descentralização promovida por esse Ato, a formação de docentes para atuar nas primeiras letras deu-se no âmbito das Escolas Normais sob a responsabilidade das províncias que detinham os impostos menores.

A restrita e elitista rede do ensino superior continuou sob a competência dos poderes gerais, detentores de maiores recursos. Desde logo, note-se a constituição de uma dupla rede de ensino: a mais irrigada de recursos atendendo a uma elite patrimonialista pelo ensino superior e uma outra, bem mais precária, sem chegar a todos e a todas, tidos como cidadãos, na idade escolar.

Após a Proclamação da República, em 1889, cada unidade federada (Estados) pôde criar estabelecimentos voltados para a formação docente:

as Escolas Normais estaduais republicanas.[107] O ensino superior continuou sendo competência da União.

Porém importa assinalar o Decreto n.º 981, de 8 de novembro de 1890, pelo qual se dispõe o Regulamento da Instrução Primária e Secundária do Distrito Federal. Além dos artigos 12 a 23 relativos ao magistério, o Título IV cria o Pedagogium, órgão voltado para a atualização profissional e didática do ensino, em nível nacional, por meio de métodos, revistas, viagens internacionais e outros insumos pedagógicos.

Outra iniciativa, ainda sem grandes consequências, foi a Conferência Interestadual do Ensino Primário, organizada pelo governo federal em 1921, na qual uma das teses era a organização e a uniformização do ensino normal em todo o país com indicações relativas à formação docente.[108]

Outro momento indicativo dessa preocupação com a formação docente aconteceu na Revisão Constitucional de 1925-1926, especialmente quando se discutia a gratuidade e a obrigatoriedade do ensino primário. Tomando a palavra, Afonso Arinos, defendendo algo que fosse comum a todos brasileiros, propunha uma ação que pudesse efetivar esse comum nacional:

> Será a Fundação na Capital do Brasil de uma Escola Normal superior, seminário da educação nacional, viveiro do professorado de todos os lyceus e gymnasios estadoaes, de todas as escolas normaes primarias e secundarias, espalhadas pelos vinte Estados da União. Nessa escola o alcance patriótico será conseguido pela unidade pedagógica.[109]

Nos anos 1930, apesar dos discursos de Getúlio Vargas e de Francisco Campos em torno do papel da União em apoio ao ensino primário, pouco se realizou de concreto. E por quê? De um lado, devido à tradição autonomista dos Estados e, de outro, por conta do fracasso do Plano Nacional de Educação de 1936/1937.[110] Esse plano consagrava o Título III sobre a administração geral da educação. Nele dispõe-se, na seção I, que trata do Poder Executivo:

---

[107] A primeira Escola Normal data de 1835, na cidade de Niterói, então capital da Província do Rio de Janeiro.

[108] A este respeito, cf. NAGLE, Jorge. *Educação na Primeira República*. São Paulo: Editora da Universidade de São Paulo, 1974, especialmente, p. 134-140.

[109] Arinos *apud* CURY, Carlos Roberto Jamil. *A educação na revisão constitucional de 1925-1926*. Bragança Paulista: Editora da Universidade de São Francisco, 2003.

[110] Cf. CURY, Carlos Roberto Jamil. O Plano Nacional de Educação de 1936-1937. *Educativa*: Revista de Educação, Goiânia, v. 18, n. 2, p. 396-424, 2015.

> Art. 6º - A União, pelo Ministério da Educação e Saúde, superintende, coordena e fiscaliza o ensino em todo o território do País.
>
> Art. 7º - A União, na execução deste Plano, terá ação própria e ação supletiva.
>
> §1º - Por ação própria da União entende-se a iniciativa de instituir, manter e dirigir em qualquer ponto do território nacional, os serviços educativos exigidos pelo bem comum de caráter nacional.
>
> §2º - Por ação supletiva da União, reclamada por deficiência de iniciativa ou de recursos locais, entende-se a sua cooperação no funcionamento dos sistemas educativos dos Estados e do Distrito Federal.
>
> §3º - Essa cooperação, respeitadas as determinações constitucionais, poderá exercer-se: diretamente, mantendo institutos federais nos Estados e nos territórios e estimulando a obra educativa no País, no meio de estudos, inquéritos, demonstrações e subvenções; indiretamente, concedendo, por iniciativa própria ou mediante representação dos Conselhos Estaduais de Educação, auxílios aos Estados e subvenções a particulares.

Ao Conselho Nacional, entre as várias atribuições, cabia a de "indicar os membros estranhos às congregações para a comissão examinadora dos concursos dos professores nos estabelecimentos oficiais de ensino secundário".

Na Parte II do Plano, denominada de Institutos Educativos, no Título I, Do Ensino Geral, no Capítulo I, Do ensino comum compreensivo dos ciclos pré-primário, primário e secundário, lê-se no art. 49:

> A União promoverá acordo entre os Estados para a padronização dos cursos de suas Escolas Normais e seus Institutos de Educação, a fim de estabelecer a equivalência dos diplomas.
>
> § único - O plano de estudos dos estabelecimentos de preparação do professorado primário incluirá cursos especiais para a formação de administradores, inspetores e orientadores de ensino.

Embora esse Plano haja sido abortado pelo Golpe do Estado Novo em 1937, ele está na base do que veio a ser a Lei Orgânica do Ensino Normal do Decreto-lei n.º 8.530/1946. Esse curso, destinado à atuação docente no ensino primário de quatro anos, competência dos Estados, permaneceu como tal com a LDBEN da Lei n.º 4.024/61, com a Lei n.º 5.692/71 e com a atual Lei de Diretrizes e Bases da Educação Nacional e respectivas normatizações. A autonomia dos Estados nessa matéria permitia uma relativa variação formativa em matéria curricular.

Passando para o que viria a ser o que, hoje, denominamos de licenciatura, temos o Decreto n.º 19.581/31, do então Ministério da Educação e Saúde Pública, que outorga o Estatuto das Universidades Brasileiras. Ao lado das Faculdades de Direito, Engenharia e Medicina, havia a possibilidade de uma delas ser substituída por uma Faculdade de Letras, Ciências e Educação, com os objetivos específicos de "ampliar a cultura no domínio das ciências puras, promover e facilitar a prática de investigações originais, desenvolver e especializar conhecimentos necessários ao exercício do magistério".

Pelo Decreto n.º 19.582/31, o governo Vargas reorganiza a Universidade do Rio de Janeiro e institui que haveria uma Faculdade de Educação, Ciências e Letras que deveria ter um perfil universitário, integrando diferentes institutos. Essa faculdade teria três seções: a de Educação, a de Ciências (compreendendo os cursos de Matemática, Física, Química e Ciências Naturais), e a de Letras (com os cursos de Letras, Filosofia, História, Geografia e Línguas Vivas). Esses cursos dariam a licença para que os diplomados pudessem lecionar as disciplinas de sua especialidade nas escolas de ensino secundário, mas a não obrigatoriedade de sua institucionalização fez com que tal realidade ficasse apenas formalizada.[III]

Em 1937, pela Lei n.º 457, o governo Vargas organiza a Universidade do Brasil. Dela constaria uma Faculdade Nacional de Educação cujo curso prepararia "trabalhadores intelectuais" em vista da realização de pesquisas e do preparo de candidatos ao magistério dos ensinos secundário e normal. Eles deveriam fazer um curso de didática de um ano que, cursado em três anos por bacharéis de Letras e Ciências, dar-lhes-ia o título de licenciado. É o início do chamado "esquema 3+1" (três mais um).

Em 1939, pelo Decreto-lei n.º 1.190, ao reorganizar a Universidade do Brasil, que assumiu o lugar da Universidade do Distrito Federal, há a institucionalização da Faculdade Nacional de Filosofia. Dela fariam parte quatro seções: Filosofia, Ciências, Letras e Pedagogia, e seus respectivos cursos.

[III] Para um estudo mais sistemático, *cf.* SILVA, Carmen Silvia Bissoli da. *Curso de pedagogia no Brasil*: história e identidade. Campinas: Autores Associados, 1999.

O curso de Pedagogia, com duração definida de três anos, tinha um currículo mínimo com uma base comum nacional e posterior formação diferenciada para o chamado técnico ou especialista (supervisor, coordenador, inspetor, administrador entre outros). O ano do curso de Didática habilitaria os bacharéis dos outros cursos para o magistério dos ensinos normal e secundário.

Mantém-se, assim, a dupla rede de formação docente. Para o ensino primário, a Escola Normal (secundária) estadual, tanto na rede pública quanto na rede privada. Para o (então chamado) ensino secundário exige-se uma profissionalização em nível superior com cursos de licenciatura. Esses últimos ancoram-se no tradicional "esquema 3+1", ou seja, três anos de formação profissionalizante específica de áreas de conhecimento (bacharelado) mais um ano de formação pedagógica (licenciatura). O formado saía com dois diplomas (bacharel e licenciado), mas só com o diploma de licenciado, o profissional poderia postular sua presença nas redes de ensino secundário.

A formação de pedagogos e licenciados deveria integrar, no processo educativo, a dimensão integral do futuro aluno, os conhecimentos da matéria e os métodos apropriados. Com a Lei n.º 4.024/61, a das Diretrizes e Bases da Educação Nacional, e com o reforço do papel do Conselho Federal de Educação, a obrigatoriedade de currículos mínimos para os cursos foi normatizada pelo colegiado.

De um lado, a Pedagogia teve como parâmetro o Parecer CFE n.º 251/1962, tendo o conselheiro Valnir Chagas como relator, cujo parecer foi homologado pelo então ministro da Educação, Darcy Ribeiro. De acordo com esse Parecer, o curso de Pedagogia, enquanto bacharelado, teria matérias fundamentais e acrescido mais um ano caso o estudante também quisesse o diploma da licenciatura. Já os professores que quisessem dedicar-se aos anos do secundário (então ginásio e colegial), ficariam com o "esquema 3+1", sendo que nele, em um ano dar-se-iam as matérias pedagógicas.

A reforma do ensino superior de 1968, por meio da Lei n.º 5.540/68, possibilitou o desmembramento das Faculdades de Filosofia, Ciências e Letras e a criação de uma unidade voltada para a formação de professores, tanto para o (então chamado) ensino secundário (licenciatura) como para professores dos cursos normais estaduais, para especialistas em educação. Essa unidade é a Faculdade de Educação, na qual poderia haver o curso de Pedagogia.

Esse curso, baseado na ideia de polivalência, consistiria em uma parte comum, básica, a todo e qualquer profissional da área, e outra parte diversificada em função de habilitações específicas a serem trabalhadas. Essa lei definiu os especialistas que atuariam nos sistemas de ensino nas funções de Administração, Inspeção, Supervisão, Orientação e Planejamento. Do pedagogo exigir-se-ia experiência de magistério. A Faculdade de Educação, assim, não se limitaria apenas ao curso de Pedagogia, abrangeria as licenciaturas. E um pedagogo só poderia ser professor de ensino primário caso comprovasse, no curso, a oferta de uma adequada capacitação curricular, de uma complementação metodológica e da prática de ensino correspondente.

Nesse sentido, cumpre o estudo do Parecer do CFE n.º 252/69, do qual resultou a Resolução n.º 2/69, e do Parecer CFE n.º 632/69.

No caso das Escolas Normais estaduais, o surgimento da Lei n.º 5.692/71, ao tornar compulsória a profissionalização do então ensino de 2º grau, nivelou-as a outros cursos profissionalizantes, criando a habilitação Magistério.

Isso cooperou para uma inadequação de sua oferta, que deve ser entendida como uma incapacidade de discernir, no contexto de então, o novo perfil de aluno que batia às portas do ensino (agora) de primeiro grau com (então) oito anos obrigatórios: crianças e adolescentes provindos das camadas populares urbanas. Os cursos de Pedagogia, especialmente em estabelecimentos isolados, quando ofertavam a habilitação, não fugiram muito de tal quadro.

O final dos anos 1970 e a década de 1980 ensejaram muitas discussões em encontros e congressos em torno do dualismo existente entre o docente e o especialista, entre concepção e execução, entre teoria e prática e entre a dupla rede de formação de docentes. Pesquisas multiplicaram-se e publicações vieram à tona. Ao mesmo tempo, desafios complexos postulavam investidas conceituais para categorizar novos fenômenos e novas práticas.[112]

A década de 1980 ampliou o acesso à escolarização do então ensino de primeiro grau agora estendido para oito anos obrigatórios. Houve até mesmo a criação dos Centros Específicos de Formação e Aperfeiçoamento do Magistério (Cefam) de nível médio, em 1982, pela antiga Coordenadoria de Ensino Regular do Ensino Médio do MEC, que nasceram como resposta

---

[112] Cf. BRZEZINSKI, Iria. *Pedagogia, pedagogos e formação de professores*. Campinas: Papirus, 2013; TANURI, Leonor Maria. História da formação de professores. *Revista Brasileira de Educação*, Rio de Janeiro, v. 85, n. 14, p. 61-88, 2000.

às críticas feitas aos cursos de habilitação para o magistério na vigência da Lei n.º 5.692/71 e à queda de matrícula nesses cursos. O MEC apoiaria técnica, pedagógica e financeiramente os Estados que quisessem fortalecer qualitativamente esses cursos, que seriam em tempo integral e os estudantes contariam com uma bolsa de estudos equivalente a um salário-mínimo.[113]

Cria-se também, fora dos espaços estatais, um Comitê Pró-Formação do Educador e que, em 1990, viria a ser Associação Nacional pela Formação dos Profissionais da Educação (Anfope). Em 1992 foi criado o Fórum Nacional de Diretores de Faculdades/Centros de Educação ou Equivalentes das Universidades Públicas Brasileiras (Forumdir).

A década de 1990 traz novas realidades, como a presença do Brasil na Conferência de Jomtien, a focalização de políticas no ensino fundamental, a busca em fazer da administração da escola um foco de liderança e, em certo sentido, um voltar-se para a escola, responsabilizando-a por muitos de seus fracassos e êxitos. As teses pragmáticas do neoliberalismo forçavam o recuo do Estado na economia, em ações sociais e na garantia de direitos.[114]

Tais movimentos abrigam variadas tendências em vista da transformação dos cursos de licenciatura e, no caso do curso de Pedagogia, ele torna-se objeto de debates acalorados. De um lado, a postulação de um curso que deveria conter a licenciatura dos anos iniciais e da educação infantil. De outro lado, a exigência de um pedagogo como detentor de conhecimentos, métodos e técnicas das ciências da educação.

É do movimento de docentes identificados com a formação de professores que (re)nasce a expressão "base comum nacional"[115] para a formação de qualquer profissional da educação escolar. Nela busca-se articular, em experiências inovadoras, o compromisso democrático com a competência profissional e uma sólida formação teórico-prática. Assim, muitas instituições de ensino superior, sobretudo universidades públicas, redefiniram seus

---

[113] Cf. NAOUM, Alia F. M. 1988. *Avaliação dos egressos dos cursos de formação de professores em nível médio de São José do Rio Preto-SP e o seu aproveitamento pela rede pública de ensino*. 1988. 142 f. Dissertação (Mestrado em Educação) – Faculdade de Filosofia e Ciências de Marília, Universidade Estadual Paulista, Marília, 1988; PIMENTA, Selma Garrido; GONÇALVES, Carlos Luiz. *Revendo o ensino de 2º grau*: propondo a formação de professores. São Paulo: Cortez, 1990.

[114] Cf. DRAIBE, Sônia. As políticas sociais e o neoliberalismo. *Revista USP*, São Paulo, n. 17, p. 86-101, 1993.

[115] Essa base comum nacional tem sido interpretada no Conselho Nacional de Educação como tradução das Diretrizes Curriculares Nacionais para os diferentes níveis e respectivas etapas e modalidades da educação. Não confundir as Diretrizes (que são de lei e obrigatórias) com os Parâmetros Curriculares (que são propostas dos governos para enriquecimento dos currículos). Hoje, a BNCC tem sua publicação pelo MEC em: http://basenacionalcomum.mec.gov.br/images/BNCC_EI_EF_110518_versaofinal_site.pdf.

currículos no sentido de uma habilitação obrigatória para os anos iniciais da escolarização, sem o que os estudantes não poderiam cursar outras habilitações.

Tal presença da Universidade Pública não deve obscurecer o fato de que a predominância do processo formativo das licenciaturas – e mesmo dos cursos de Pedagogia – dá-se no âmbito do ensino privado, em instituições isoladas e em cursos noturnos.

3.4 A LEI DE DIRETRIZES E BASES DA EDUCAÇÃO NACIONAL

A Lei n.º 9.394/96 de Diretrizes e Bases da Educação Nacional (LDBEN) deu o Título VI para os profissionais da educação e nele elencam-se dispositivos relativos à formação e à valorização desses profissionais. Desde sua sanção, os artigos desse Título sofreram múltiplas alterações, seja na forma, seja no conteúdo, por meio das leis n.º 12.014/09, n.º 12.796/13 e n.º 13.415/2017.

Entre a entrada em vigor da lei e as alterações há que se reportar, de um lado, à regulamentação dos artigos feita pelo Conselho Nacional de Educação e, de outro, ao advento da Lei n.º 12.172 do PNE de 2001-2011. Neste último, o capítulo concernente à formação e à valorização do magistério determinava, entre outras, metas relativas à formação de docentes. Entre elas, mantida a possibilidade do ensino normal médio, o da elevação progressiva dos docentes da educação infantil e dos então quatro primeiros anos ao nível superior de tal modo que, em 2011, 70% deles deveriam ter a formação superior. Esse Plano, cuja efetivação foi praticamente impossibilitada pelo veto ao seu financiamento, foi substituído pelo Plano Nacional de Educação, Lei n.º 13.005, de 2014-2024.

Quanto às licenciaturas, a LDB aprovada em 1996 encaminha uma interpretação que aponta para a incapacidade – e não somente para a insuficiência do "esquema 3+1" –, em dar conta de aprender a ser professor hoje.

Assim, o Conselho Nacional de Educação[116] elaborou um Parecer sobre a Formação de professores de nível médio na modalidade normal (Parecer CNE/CEB n.º 01/99). Elaborou também dois pareceres sobre as licenciaturas (Parecer CNE/CP n.º 09/01 e Parecer CNE/CP n.º 28/01): o primeiro sobre as diretrizes nacionais curriculares da formação docente em nível superior e o segundo sobre a duração desses cursos e respectivas cargas horárias. Daí resultaram três resoluções (Resolução CNE/CEB n.º

---

[116] O Conselho Nacional de Educação (CNE), criado pela Lei n.º 9.131/95, tem como objetivo maior a normatização e a interpretação da legislação educacional. Tem duas Câmaras: a Câmara de Educação Básica (CEB) e a Câmara de Educação Superior (CES). Quando reunidas formam o Conselho Pleno (CP).

02/99, Resolução CNE/CP n.º 01/02 e Resolução CNE/CP n.º 02/02), que passaram a normatizar, com força de lei, respectivamente, o curso Normal médio e as licenciaturas.

Com esses pareceres e essas resoluções, o "esquema 3+1" foi extinto, respeitados os direitos adquiridos, e as resoluções passam a ser obrigatórias para todo o conjunto do ensino superior no Brasil já que são parte das normas gerais.

O novo modelo de formação ficava, então, sob as diretrizes curriculares nacionais.[117] Antes, o (extinto) Conselho Federal de Educação (CFE), por lei, impunha a todo o território nacional a grade curricular mínima, com x disciplinas obrigatórias e y horas de duração. Hoje, não há mais o currículo mínimo definido para as instituições formadoras. O Brasil é um país federativo e muito diferenciado em seu vasto território. As diretrizes não são camisas de força, são grandes orientações que, obrigatoriamente, devem ser levadas em conta na montagem curricular das instituições públicas ou privadas já que o diploma tem validade nacional. Há que se respeitar a autonomia dos Estados que, por sua vez, também têm constituições estaduais, leis educacionais, planos plurianuais e conselhos estaduais de educação. Cabe a esses últimos adequar as normas e diretrizes gerais nacionais à especificidade dos Estados.

As instituições de ensino médio e de ensino superior gozam de maior ou menor autonomia, mas são autônomas para (re)elaborarem as diretrizes nacionais e estaduais. E uma vez mantido o princípio da igualdade das diretrizes, as instituições guardam suas diferenças. Igualdade e diferença vão desaguar no projeto pedagógico de cada instituição e na proposta curricular.[118]

O projeto pedagógico, espaço de autonomia das instituições, é o momento de um planejamento colegiado dos professores. Aos docentes caberia fazer a articulação entre as diretrizes nacionais curriculares, o conhecimento mais atualizado e os lugares institucionais diferenciados. Trata-se tanto da assunção das diretrizes, da tradição das suas áreas e dos avanços científicos quanto da articulação com o contexto. E a exigência do trabalho coletivo faz jus a um mundo que desmoronou a compartimentalização de áreas, exigindo dos professores e estudantes a capacidade de abrirem-se para o plural e para o diálogo interdisciplinar ou transdisciplinar.

---

[117] Há Diretrizes Curriculares Nacionais tanto para a educação básica quanto para a educação superior. E, no caso da educação básica, há diretrizes para os profissionais que atuam nos sistemas tanto para as etapas (infantil, fundamental e médio) quanto para as modalidades (educação especial, educação de jovens e adultos, educação indígena, educação do campo e educação profissional). Para mais informações: www.mec.gov.br/cne/atos administrativos.

[118] No início deste texto constam as mais recentes alterações a esse respeito.

A proposta curricular que obrigatoriamente deve ser apresentada aos estudantes no início do ano letivo decorre dessa sistemática. Houve uma inversão quanto à cultura do currículo mínimo. Esse, na antiga lei, era o primeiro determinante do processo. Agora ele não só é o último elo de uma cadeia como depende bastante de um esforço conjunto e contextual dos docentes.

3.5 FORMAÇÃO DOCENTE E PLANO NACIONAL DE EDUCAÇÃO

As grandes e significativas alterações trazidas pela Emenda n.º 59/09, por outras leis infraconstitucionais e agora pela Lei n.º 13.005/2014, pelo conjunto normativo impulsionado inclusive pela mobilização em direção às Conferências Nacionais de Educação (realizadas em 2010 e 2014 e respectivos documentos finais), pelo Fórum Nacional de Educação e pelo avanço do conhecimento trouxeram a necessidade de se repensar tanto a Pedagogia como as licenciaturas.

Com efeito, o CNE, por meio de sua Câmara de Educação Básica, já havia exarado as Diretrizes Curriculares Nacionais Gerais da Educação Básica pelo Parecer CNE/CEB n.º 07/2010 e Resolução CNE/CEB n.º 04/2010, de sorte que era preciso repensar as diretrizes da Pedagogia e das licenciaturas. Esse último item foi trabalhado mediante o Parecer CNE/CP n.º 05/2005 mais o Parecer CNE/CP n.º 03/2006 e a Resolução CNE/CP n.º 01/2006 para a Pedagogia. E as licenciaturas sob o Parecer CNE/CP n.º 02/2015 e Resolução CNE/CP n.º 02/2015. Esse último parecer vindo à luz quando já estava aprovado o Plano Nacional de Educação de 2014.

No corpo da lei, o Plano Nacional de Educação estabelece, no art. 2º, inciso IX, a valorização dos profissionais da educação. Mas mesmo antes das quatro metas específicas (15, 16, 17 e 18), os dispositivos que pedem pela valorização já compareciam em outras oito metas e várias estratégias: meta 1 (educação infantil) e as estratégias 8 e 9; meta 4 (educação especial) e as estratégias 3, 16 e 18; meta 5 (alfabetização) e a estratégia 6; meta 6 (jornada escolar de tempo integral) e a estratégia 3; meta 7 (qualidade e Ideb) e as estratégias 4, 5, 22 e 34; meta 9 (educação de jovens e de adultos) e a estratégia 8; meta 10 (EJA e educação profissional) e a estratégia 10; e meta 12 (educação superior) e as estratégias 4, 11, 12, 13 e 14.

As quatro metas específicas são:

A meta 15 referida à

> [...] política nacional de formação dos profissionais da educação de que tratam os incisos I, II e III do caput do art. 61 da Lei n.º 9.394, de 20 de dezembro de 1996, assegurando que todos os professores e as professoras da educação básica possuam formação específica de nível superior, obtida em curso de licenciatura na área de conhecimento em que atuam.

São 13 estratégias. Vejamos três delas.

> 15.1) atuar, conjuntamente, com base em plano estratégico que apresente diagnóstico das necessidades de formação de profissionais da educação e da capacidade de atendimento, por parte de instituições públicas e comunitárias de educação superior existentes nos Estados, Distrito Federal e Municípios, e defina obrigações recíprocas entre os partícipes;
>
> [...]
>
> 15.3) ampliar programa permanente de iniciação à docência a estudantes matriculados em cursos de licenciatura, a fim de aprimorar a formação de profissionais para atuar no magistério da educação básica;
>
> [...]
>
> 15.6) promover a reforma curricular dos cursos de licenciatura e estimular a renovação pedagógica, de forma a assegurar o foco no aprendizado do (a) aluno (a), dividindo a carga horária em formação geral, formação na área do saber e didática específica e incorporando as modernas tecnologias de informação e comunicação, em articulação com a base nacional comum dos currículos da educação básica, de que tratam as estratégias 2.1, 2.2, 3.2 e 3.3 deste PNE.

Já a meta 16 diz:

> [...] formar, em nível de pós-graduação, 50% (cinquenta por cento) dos professores da educação básica, até o último ano de vigência deste PNE, e garantir a todos (as) os (as) profissionais da educação básica formação continuada em sua área de atuação, considerando as necessidades, demandas e contextualizações dos sistemas de ensino.

Sinalizo duas das seis estratégias relacionadas:

> [...] 16.1) realizar, em regime de colaboração, o planejamento estratégico para dimensionamento da demanda por formação continuada e fomentar a respectiva oferta por parte das instituições públicas de educação superior, de forma orgânica e articulada às políticas de formação dos Estados, do Distrito Federal e dos Municípios;
>
> [...]
>
> 16.5) ampliar a oferta de bolsas de estudo para pós-graduação dos professores e das professoras e demais profissionais da educação básica;

A meta 17 (dignidade salarial) trata de valorizar os(as) profissionais do magistério das redes públicas de educação básica de forma a equiparar seu rendimento médio ao dos(as) demais profissionais com escolaridade equivalente, até o final do sexto ano de vigência desse PNE. Aqui, aponto uma estratégia:

> [...] 17.3) implementar, no âmbito da União, dos Estados, do Distrito Federal e dos Municípios, planos de Carreira para os (as) profissionais do magistério das redes públicas de educação básica, observados os critérios estabelecidos na Lei n.º 11.738, de 16 de julho de 2008, com implantação gradual do cumprimento da jornada de trabalho em um único estabelecimento escolar;[119]

E meta 18 (carreira):

> [...] assegurar, no prazo de 2 (dois) anos, a existência de planos de Carreira para os (as) profissionais da educação básica e superior pública de todos os sistemas de ensino e, para o plano de Carreira dos (as) profissionais da educação básica pública, tomar como referência o piso salarial nacional profissional, definido em lei federal, nos termos do inciso VIII do art. 206 da Constituição Federal.

Essas duas metas não são fáceis de se realizar.

O piso, hoje[120] em R$4.420,55, não é cumprido em muitos estados e municípios, seja devido à atualização anual com base no Valor Mínimo

---

[119] Cf. Parecer CNE/CEB n.º 02/97 e Resolução CNE/CEB n.º 03/97 para uma versão de diretrizes de carreira nos anos 90. Novas diretrizes foram atualizadas pela Resolução CNE/CEB n.º 02/09. Cf. também art. 67 da LDBEN 9394/96.

[120] Piso salarial dos docentes da educação básica em outubro de 2023 para uma jornada de trabalho semanal de **40 horas**.

Nacional de Aluno Ano, seja devido à insuficiente complementação da União (quem tem real dificuldade de pagar e quem não tem uma gestão adequada dos recursos), tanto por conta das interpretações diferenciadas do 1/3 dedicado às horas de atividades quanto pela relação desejável entre número de estudantes e de professor. Finalmente, o piso caiu em tal pluralidade e tal dispersão de planos nos sistemas de ensino que na ausência de uma certa estruturação mais homogênea tem levado a contínuas contestações, especialmente nos municípios.

Essa pletora de leis e normas voltadas para a formação docente indica que há orientações nacionais claras para os cursos, mas não há currículo mínimo definido nacionalmente. As instituições gozam de flexibilidade para seus projetos pedagógicos, confirmando tanto a dimensão federativa do país também no que se refere aos sistemas de ensino quanto autonomia relativa em matéria de organização curricular.

3.6 PERSPECTIVAS

O momento atual em relação à formação docente é de transição, de longa e cansativa transição para os cursos de Pedagogia, e de difícil assimilação para os cursos de licenciatura. A criação de uma nova cultura implica uma radical ou parcial desconstrução da anterior, o que não é fácil.

Desse conjunto, alguns pontos devem ficar claros:

1. A situação da formação do conjunto dos docentes já deveria ter sido diagnosticada pelos sistemas de ensino a fim de iniciar políticas planejadas sob planos de educação (nacional e estaduais) para a sua qualificação superior na formação inicial.

2. As diretrizes da carreira docente supõem salários de acordo com a estratégia pertinente do PNE e impõem o incentivo que deve ser dado aos docentes que se disponham à qualificação superior e à exigência de oferta dessa mesma qualificação por parte dos sistemas de ensino.

3. Os sistemas deveriam envolver as instituições formadoras nessas metas, nessa vontade política e na atualização formativa pela educação continuada.

4. O curso de formação de professores de nível médio na modalidade normal é legal, legítimo e direito adquirido dos indivíduos que por ele optaram, mas deve ser um patamar em progressiva extinção. Quanto às licenciaturas, o problema está em sair do "esquema 3+1" e encaminhar-se para uma consciente e plena formação docente que marque a identidade do professor de conteúdo. A nova licenciatura, diferentemente da outra, propicia apenas um diploma: o de docente. E a valorização do magistério está longe de ocorrer em nosso país. Os níveis médios de salários não atraem o conjunto dos estudantes de ensino superior e a categoria docente da educação básica revela-se, em todas as pesquisas realizadas, em processo de desânimo (*burn out*) com relação ao futuro e com relação ao ambiente escolar (violência, por exemplo).

Percebe-se que, na situação concreta das instituições formadoras, o Brasil vive um momento de transição entre uma cultura já instalada há tempos, inadequada para os novos tempos, e a difícil construção de uma nova cultura mais apropriada ao avanço do conhecimento e que atenda à diversidade de estudantes na escola sem renunciar ao princípio de igualdade. Como diz Ferrajoli (2019): "Em definitivo, a igualdade está estabelecida porque, de fato, somos diferentes e desiguais, para a tutela das diferenças e em oposição das desigualdades".[121]

Os desafios que esse conjunto de leis e normas pretende enfrentar nascem de vários ângulos. Há a temática da tensão entre igualdade e diversidade; há o reconhecimento do fazer como campo de produção de saberes que, associados aos saberes próprios da formação universitária, delineiam um profissional-intelectual que compreende o contexto de seu país, do sistema de educação e dos perfis dos alunos, que é um profissional/especialista que domina os métodos e técnicas do saber ensinar e que, enfim, é um sujeito compromissado com uma cidadania crítica e consciente. Além do mais, sabedor de tudo isso, sabe que a continuidade dos estudos e a atualização pedagógica são modos importantes de estar, de um lado, atualizado e, de outro, distanciado do cotidiano para retomá-lo de maneira mais ampla.

Enfim, há todo um investimento dos governos nos processos de avaliação. Trata-se de uma realidade que veio para ficar. Mas ela não pode ser entendida como um dogma, como um produto imutável ou como uma resultante de avaliações em larga escala de caráter classificatório. Há boas

---

[121] FERRAJOLI, Luigi. *Manifiesto por la igualdad*. Madrid: Editorial Trotta, 2019, p. 103.

razões para que tal procedimento revista-se de formas mais amplas e mais consequentes com os processos escolares.

Desse modo, os cursos de Pedagogia, os cursos normais e as licenciaturas dependem, para uma identidade mais ampla de modo a responder aos desafios do mundo contemporâneo: de uma sólida formação inicial, de uma formação continuada assegurada, de uma valorização salarial da profissão e de uma avaliação de desempenho que sane os problemas evidenciados, premie o mérito e possa apresentar-se como uma digna função de Estado. Se para as universidades públicas e para as boas universidades o jogo quantitativo já se perdeu, cabe a elas oferecer o paradigma de uma formação digna da profissão docente.

Isso significa que sem uma presença forte do Estado em matéria de valorização do docente, em matéria de oferta de cursos de licenciatura na rede pública, em matéria de formação continuada inclusive com os recursos da educação a distância, dificilmente haverá uma perspectiva promissora, apesar de a legislação e a normatização oferecerem dimensões abertas, exigentes e democráticas.

Eis que o momento é oportuno e difícil.

Oportuno porque temos um Plano Nacional de Educação seguido de planos estaduais e municipais, com metas, estratégias e financiamento. Já há indicações do encaminhamento do Sistema Nacional de Educação, do Custo Aluno-Qualidade Inicial e da lei complementar própria do regime de cooperação. O Custo Aluno-Qualidade (CAQ) foi inserido no novo Fundeb da Emenda n.º 108/2020.

Difícil pela conjuntura pela qual estamos passando, em que as crises econômica e política fecham-se como barreiras a impedir saídas legítimas e menos custosas para os brasileiros. Ao lado dos efeitos da pandemia há um esquecimento ou uma obstrução silenciosa do PNE, sem contar as múltiplas iniciativas do governo Temer, como a aprovação da Emenda n.º 95/16, com sérios obstáculos ao financiamento da educação. Já as propostas das emendas constitucionais n.º 186/2019, n.º 187/2019 e n.º 188/2019, por seu conteúdo, se tivessem sido aprovadas, trariam ainda mais entraves ao financiamento da educação.

O horizonte de uma escola democrática, competente, contemporânea e crítica não se realizará sem uma valorização condigna do magistério, da qual a formação inicial e a continuada são faces da mesma moeda. Mas será preciso vontade política dos governantes mobilizados pela efetivação das leis e normas, em especial hoje, com a retomada do Plano Nacional de Educação.

Esse horizonte só se consolidará no dia em que o Brasil deixar de ser um país rico com uma infinidade de pobres e a redistribuição da renda for feita em padrões compatíveis com a dignidade da pessoa humana, da qual a educação é um dos pilares mais consistentes.

REFERÊNCIAS

BRZEZINSKI, Iria. *Pedagogia, pedagogos e formação de professores*. Campinas: Papirus, 2013.

CURY, Carlos Roberto Jamil. A educação básica no Brasil. *Educação e sociedade*, Campinas, v. 23, n. 80, p. 168-200, 2002a.

CURY, Carlos Roberto Jamil. Direito à educação: direito à igualdade, direito à diferença. *Cadernos de Pesquisa*, Rio de Janeiro, n. 116, p. 245-262, 2002b.

CURY, Carlos Roberto Jamil. *A educação na revisão constitucional de 1925-1926*. Bragança Paulista: Editora da Universidade de São Francisco, 2003.

CURY, Carlos Roberto Jamil. A educação básica como direito. *Cadernos de Pesquisa*, Rio de Janeiro, v. 38, n. 134, p. 293-303, 2008.

CURY, Carlos Roberto Jamil. Por um Plano Nacional de Educação: nacional, federativo, democrático e efetivo. *Revista Brasileira de Política e Administração da Educação*, Porto Alegre, v. 25, n.1, p. 13-30, 2009.

CURY, Carlos Roberto Jamil. O Plano Nacional de Educação de 1936-1937. *Educativa: Revista de Educação*, Goiânia, v. 18, n. 2, p. 396-424, 2015.

DRAIBE, Sônia. As políticas sociais e o neoliberalismo. *Revista USP*, São Paulo, n. 17, p. 86-101, 1993.

FERRAJOLI, Luigi. *Manifiesto por la igualdad*. Madrid: Editorial Trotta, 2019.

NAGLE, Jorge. *Educação na Primeira República*. São Paulo: Editora da Universidade de São Paulo, 1974.

NAOUM, Alia F. M. 1988. *Avaliação dos egressos dos cursos de formação de professores em nível médio de São José do Rio Preto-SP e o seu aproveitamento pela rede pública de ensino*. 1988. 168 f. Dissertação (Mestrado em Educação) – Faculdade de Filosofia e Ciências de Marília, Universidade Estadual Paulista, Marília, 1988.

NOGUEIRA, Maria Alice; NOGUEIRA, Claudio. Os herdeiros: fundamentos para uma sociologia do ensino superior. *Educação e Sociedade*, Campinas, v. 36, n. 130, p. 47-62, 2015.

OLIVEIRA, Romualdo Portela de; SANTANA, Wagner (org). *Educação e federalismo no Brasil*: combater as desigualdades, garantir a diversidade. Brasília: Organização das Nações Unidas para a Educação, a Ciência e a Cultura, 2010.

PIMENTA, Selma Garrido; GONÇALVES, Carlos Luiz. *Revendo o ensino de 2º grau:* propondo a formação de professores. São Paulo: Cortez, 1990.

SAVIANI, Dermeval. *Sistema Nacional de Educação e Plano Nacional de Educação.* Campinas: Autores Associados, 2014.

SILVA, Carmen Silvia Bissoli da. *Curso de pedagogia no Brasil*: história e identidade. Campinas: Autores Associados, 1999.

TANURI, Leonor Maria. História da formação de professores. *Revista Brasileira de Educação*, Rio de Janeiro, v. 85, n. 14, p. 61-88, 2000.

4

VICISSITUDES DA FORMAÇÃO DE PROFESSORES NO BRASIL: DO MÉTODO MONITORIAL-MÚTUO (1827) AO PLANO NACIONAL DE EDUCAÇÃO (2014-2024)

DERMEVAL SAVIANI

INTRODUÇÃO

Primeiramente, quero agradecer o honroso convite para estar aqui, hoje,[122] em Belo Horizonte, proferindo esta conferência no âmbito do Projeto Pensar a Educação, Pensar o Brasil. Recordo-me de quando, por ocasião da realização do VII Congresso Ibero-Americano de História da Educação Latino-Americana, em Buenos Aires, entre os dias 30 de outubro e 02 de novembro de 2007, surgiu a proposta de desenvolvimento de projetos e realização de atividades a partir de 2008 nos países da nossa América Latina em comemoração ao bicentenário dos processos de independência política que se estenderam de 1808 a 1829.

Em seguida, surgiu o projeto Pensar a Educação, Pensar o Brasil – 1822-2022, que entendi como uma resposta a esse chamamento no caso específico do Brasil, realizando um conjunto de atividades nos âmbitos de pesquisa, ensino e extensão no marco dos 200 anos da independência do Brasil. E o convite me chegou para essa fase do projeto cujo tema é "Das Escolas Normais à Pós-Graduação: 180 anos de história da formação de professores no Brasil".

Dado que, coincidentemente, esta palestra abre o ciclo do segundo semestre na abordagem do tema, entre os vários recortes possíveis concluí que seria preferível uma análise panorâmica reconstruindo globalmente a trajetória da formação de professores nos últimos dois séculos. Daí o tema

---

[122] Este texto originou-se da conferência proferida na Faculdade de Educação da UFMG no dia 27 de agosto de 2015, em Belo Horizonte, no evento promovido pelo Projeto Pensar a Educação, Pensar o Brasil.

desta aula-conferência: "Vicissitudes da formação de professores no Brasil: do método monitorial-mútuo (1827) ao Plano Nacional de Educação (2014-2024)".

Pretendo, pois, examinar as vicissitudes da trajetória da formação de professores no Brasil nos séculos XIX e XX. De fato, é no século XIX, quando são instituídos os sistemas nacionais de ensino, que a formação docente emerge como um problema.

Contudo se o problema configura-se a partir do século XIX, isso não significa que o fenômeno da formação de professores tenha surgido apenas nesse momento. Antes disso havia escolas, tipificadas pelas universidades instituídas desde o século XI e pelos colégios de humanidades que se expandiram a partir do século XVII. Ora, nessas instituições havia professores e eles deviam, por certo, receber algum tipo de formação. Ocorre que, até então, prevalecia o princípio do "aprender fazendo", próprio das corporações de ofício.[123] E as universidades, como uma modalidade de corporação que se dedicava às assim chamadas "artes liberais" ou intelectuais, por oposição às "artes mecânicas" ou manuais, formavam os professores das escolas inferiores ao ensinar-lhes os conhecimentos que eles deveriam transmitir nas referidas escolas.

Porém a partir do século XIX, a necessidade de universalizar a instrução elementar conduziu à organização dos sistemas nacionais de ensino. Esses, concebidos como um conjunto amplo constituído por grande número de escolas organizadas segundo um mesmo padrão, tiveram de enfrentar o problema de formar professores, também em grande escala, para atuar nas referidas escolas. E o caminho encontrado para se equacionar essa questão foi a criação de Escolas Normais, de nível médio, para formar professores primários, atribuindo-se ao nível superior a tarefa de formar os professores secundários. Mas as universidades faziam isso sem jamais se preocuparem com a formação de professores, seguindo o princípio segundo o qual "quem sabe, ensina".

Esse entendimento manifestou-se, inclusive, no surgimento das Escolas Normais pautado pela distinção entre Escolas Normais inferiores e superiores. A primeira instituição, com o nome de Escola Normal, foi proposta pela Convenção pós-Revolução Francesa, em 1794, e instalada em Paris, em 1795. Já a partir desse momento introduziu-se a distinção entre Escola Normal Superior para formar professores de nível secundário e Escola Normal, simplesmente, também chamada de Escola Normal Primária, para preparar os professores do ensino primário.

---

[123] SANTONI RUGIU, Antonio. *Nostalgia do mestre artesão*. Campinas: Autores Associados, 1998.

Assim é que Napoleão, ao conquistar o Norte da Itália, instituiu, em 1802, a Escola Normal Superior de Pisa, nos moldes da Escola Normal Superior de Paris. Essa escola, da mesma forma que seu modelo francês, destinava-se à formação de professores para o ensino secundário, mas na prática transformou-se em uma instituição de altos estudos, deixando de lado qualquer preocupação com o preparo didático-pedagógico. Além de França e Itália, outros países, como Alemanha, Inglaterra e Estados Unidos, também foram instalando, ao longo do século XIX, suas Escolas Normais. E isso ocorreu também na América Latina.

Essa despreocupação das universidades com a questão da formação de professores foi também o que constatei num estudo sobre a formação de professores nas universidades italianas: "A universidade jamais se ocupou desse problema", eis o entendimento praticamente unânime dos docentes universitários que contatei. No entanto, Gian Paolo Brizzi, o principal especialista da história das universidades italianas, sem chegar a discordar de seus colegas, acrescenta: "Embora sem se preocupar diretamente com essa questão, a universidade, de fato, sempre formou os professores dos graus inferiores".[124]

Em verdade, quando se diz que a universidade não tem interesse pelo problema da formação de professores, o que se está querendo afirmar é que ela nunca se preocupou com a formação específica, isto é, com o preparo pedagógico-didático dos professores. De fato, o que está em causa aí não é propriamente uma omissão da universidade em relação ao problema da formação dos professores, mas a luta entre dois modelos diferentes de formação.

De um lado está o modelo para o qual a formação de professores, propriamente dita, esgota-se na cultura geral e no domínio específico dos conteúdos da área de conhecimento correspondente à disciplina que o professor irá lecionar. Considera-se que a formação pedagógico-didática virá em decorrência do domínio dos conteúdos do conhecimento logicamente organizado, sendo adquirida na própria prática docente ou mediante mecanismos do tipo "treinamento em serviço". Em qualquer hipótese, não cabe à universidade essa ordem de preocupações.

Do outro lado, contrapõe-se o modelo segundo o qual a formação de professores só se completa com o efetivo preparo pedagógico-didático. Em consequência, além da cultura geral e da formação específica na área de conhecimento correspondente, a instituição formadora deverá assegurar,

---

[124] Citação direta por contato com o autor citado. (Nota do organizador.)

de forma deliberada e sistemática, por meio da organização curricular, a preparação pedagógico-didática, sem o que não estará, em sentido próprio, formando professores.

Em suma, podemos concluir que na história da educação configuraram-se dois modelos de formação docente: o *modelo dos conteúdos culturais-cognitivos*, para o qual a formação dos professores esgota-se na cultura geral e no domínio específico dos conteúdos da área de conhecimento correspondente à disciplina que o professor irá lecionar; e o *modelo pedagógico-didático*, que, em contraposição ao anterior, considera que a formação propriamente dita dos professores só se completa com o efetivo preparo pedagógico-didático.

Na história da formação de professores constatamos que o primeiro modelo predominou nas universidades e demais instituições de ensino superior, que se encarregaram da formação dos professores secundários, ao passo que o segundo tendeu a prevalecer nas Escolas Normais, ou seja, na formação dos professores primários.

Atualmente vivenciamos, em vários países, uma espécie de dilema: por um lado, é crescente a necessidade de propiciar formação pedagógica segundo a exigência do modelo pedagógico-didático também aos professores secundários, isto é, aqueles que no Brasil correspondem às quatro últimas séries do ensino fundamental e ao ensino médio. Tal necessidade é eloquentemente ilustrada por uma enquete realizada na Itália em 1992, que chegou à seguinte conclusão:

> Os professores estão, na sua esmagadora maioria, agudamente conscientes da inadequação da formação profissional recebida; eles se sentem jogados na água sem que ninguém esteja preocupado em ensiná-los a nadar. De um lado, eles julgam quase sempre suficiente a preparação disciplinar obtida, mas se sentem desguarnecidos na linha de frente do conhecimento dos problemas educativos, dos processos de aprendizagem na idade evolutiva, das metodologias didáticas gerais (programação curricular, avaliação etc.) e das metodologias didáticas específicas da matéria ensinada.[125]

Por outro lado, a tendência irreversível a elevar ao nível superior a formação de professores da educação infantil e dos anos iniciais do ensino fundamental corre o risco de frustrar a expectativa de uma adequada for-

---

[125] CAVALLI, Alessanro. [a cura di]. *Insegnare oggi:* prima indagine IARDI sulle condizioni di vita e di lavoro nella scuola italiana. Bologna: Il Mulino, 1992, p. 243.

mação didático-pedagógica, prevalecendo a força do modelo dos conteúdos culturais-cognitivos.

Nesse contexto, passo a analisar a relação entre a Pedagogia e a formação dos professores no Brasil, objetivando detectar a ausência/presença da questão pedagógica na formação docente e suas vicissitudes ao longo dos séculos XIX e XX, nos quais podemos identificar os seguintes períodos:

a. Ensaios intermitentes de formação de professores (1827-1890), que se inicia com o dispositivo da Lei das Escolas de Primeiras Letras, que obrigava os professores a instruírem-se no método do ensino mútuo, às próprias expensas, e estende-se até 1890, quando prevalece o modelo das Escolas Normais.

b. Estabelecimento e expansão do padrão das Escolas Normais (1890-1932), cujo marco inicial é a reforma paulista da Escola Normal, tendo como anexo a escola-modelo.

c. Organização dos Institutos de Educação (1932-1939), cujos marcos são as reformas de Anísio Teixeira no Distrito Federal, em 1932, e de Fernando de Azevedo em São Paulo, em 1933.

d. Organização e implantação dos cursos de Pedagogia e de licenciatura e consolidação do modelo das Escolas Normais (1939-1971).

e. Substituição da Escola Normal pela Habilitação Específica de Magistério (1971-1996).

f. Advento da proposta dos Institutos Superiores de Educação e das Escolas Normais Superiores (1996-2006).

g. Inclusão da pós-graduação entre as vias de formação de professores (2006-2014), o que já se manifestou na aprovação das diretrizes curriculares nacionais do curso de Pedagogia e explicitou-se na Meta 16 do Plano Nacional de Educação 2014-2024.

4.1 ENSAIOS INTERMITENTES DE FORMAÇÃO DE PROFESSORES (1827-1890)

Durante todo o período colonial, desde os colégios jesuítas passando pelas aulas régias implantadas pelas reformas pombalinas até os cursos superiores criados a partir da vinda de D. João VI em 1808, não se manifesta uma preocupação explícita com a questão da formação de professores. É na Lei das escolas de primeiras letras, promulgada em 15 de outubro de 1827, que essa preocupação aparecerá pela primeira vez.

Ao determinar que nessas escolas o ensino deveria ser desenvolvido pelo método mútuo, a referida lei estipula, no artigo 4º, que os professores deverão ser treinados nesse método, às próprias custas, nas capitais das respectivas províncias. Portanto está colocada aí a exigência de preparo didático, embora não se faça referência propriamente à questão pedagógica.

Após a promulgação do Ato Adicional de 1834, que colocou a instrução primária sob a responsabilidade das províncias, elas tendem a adotar, para a formação dos professores, a via que vinha sendo seguida nos países europeus: a criação de Escolas Normais.

A província do Rio de Janeiro sai à frente, instituindo em Niterói, já em 1835, a primeira Escola Normal do país. Esse caminho foi seguido pela maioria das províncias ainda no século XIX, na seguinte ordem: Minas Gerais, 1835 (instalada em 1840); Bahia, 1836 (instalada em 1841); Mato Grosso, 1842; São Paulo, 1846; Pernambuco e Piauí, 1864 (instaladas em 1865); Alagoas, 1864 (instalada em 1869); Rio Grande do Sul, 1869; Pará e Sergipe, 1870 (instaladas em 1871); Paraná, 1870 (instalada em 1876); Amazonas, 1872; Espírito Santo, 1873; Rio Grande do Norte, 1873 (instalada em 1874); Ceará, 1878; Rio de Janeiro (DF) e Santa Catarina, 1880; Goiás, 1882 (instalada em 1884); Paraíba, 1884 (instalada em 1885); Maranhão, 1890.[126] Essas escolas, entretanto, tiveram existência intermitente, sendo fechadas e reabertas periodicamente.

Visando à preparação de professores para as escolas primárias, as Escolas Normais preconizavam uma formação específica. Logo, deveriam guiar-se pelas coordenadas próprias do modelo pedagógico-didático. No entanto, contrariamente a essa expectativa, predominou nelas a preocupação com o domínio dos conhecimentos a serem transmitidos nas escolas de

---

[126] ARAUJO, José Carlos Souza; FREITAS, Anamaria Gonçalves Bueno de; LOPES, Antônio de Pádua Carvalho. (org.) *As escolas normais no Brasil*: do Império à República. Campinas: Alínea, 2008. p. 12-13; TANURI, Leonor Maria. História da formação de professores. *Revista Brasileira de Educação*, Rio de Janeiro, v. 85, n. 14, p. 61-88, 2000, p. 64-65.

primeiras letras. Nesse sentido, pode-se considerar que gravitavam, ainda, sob a influência do modelo dos conteúdos culturais-cognitivos.

O currículo dessas escolas era constituído pelas mesmas matérias que integravam o currículo das escolas de primeiras letras. Portanto, o que se pressupunha era que os professores deveriam ter o domínio daqueles conteúdos que lhes caberia transmitir às crianças excluindo-se, ou pelo menos secundarizando, o preparo didático-pedagógico sob forma intencional e sistemática.

A via normalista de formação docente, embora adotada já a partir de 1835, além de somente adquirir certa estabilidade após 1870, permaneceu ao longo do século XIX como uma alternativa sujeita a contestações. Ilustra isso a posição de Couto Ferraz, que considerava as Escolas Normais muito onerosas, ineficientes qualitativamente e insignificantes quantitativamente, pois muito pequeno era o número de alunos formados. Por isso Couto Ferraz, quando presidente da província do Rio de Janeiro, fechou a Escola Normal de Niterói, em 1849, substituindo-a pelos professores adjuntos, regime que adotou no Regulamento de 1854, ao exercer o cargo de ministro do Império.

Os adjuntos atuariam nas escolas como ajudantes do regente de classe, aperfeiçoando-se nas matérias e práticas do ensino. Por esse meio seriam preparados os novos professores, dispensando-se a instalação de Escolas Normais. Mas esse caminho não prosperou. Os cursos normais continuaram a ser instalados e a pioneira escola de Niterói foi reaberta em 1859.

Outra proposta que merece ser lembrada foi a da criação de Internatos Normais nas capitais das províncias, apresentada por Abílio César Borges, o Barão de Macahubas, no Congresso Internacional de Educação realizado em 1882, em Buenos Aires.[127] Tais internatos receberiam gratuitamente jovens pobres do interior que, terminado o curso, voltariam para as respectivas cidades, vilas ou aldeias para reger as escolas. Mas tal proposta não foi implementada.

Nessa intermitência das Escolas Normais e no fracasso da tentativa de as substituir pelos professores adjuntos, detectamos a primeira vicissitude da história da formação de professores no Brasil.

---

[127] MACAHUBAS, Barão de [Abílio César Borges]. Ponencia en la 9ª sesión de prórroga del Congreso Pedagógico Internacional. *In*: *Actas del Congreso Pedagógico Internacional de Buenos Aires*, Tomo III, 1882, p. 124-126, 148-156 e 184-185.

4.2 ESTABELECIMENTO E EXPANSÃO DO PADRÃO DAS ESCOLAS NORMAIS (1890-1932)

Pode-se considerar que o padrão de organização e funcionamento das Escolas Normais foi fixado com a reforma da instrução pública do estado de São Paulo, levada a efeito em 1890. Segundo os reformadores, "sem professores bem preparados, praticamente instruídos nos modernos processos pedagógicos e com cabedal científico adequado às necessidades da vida atual, o ensino não pode ser regenerador e eficaz".[128] E mestres assim qualificados "só poderão sair de Escolas Normais organizadas em condições de prepará-los".[129] Portanto uma vez que a Escola Normal então existente no estado não satisfazia as exigências do trabalho docente a que se destinava, "por insuficiência do seu programa de estudo e pela carência de preparo prático dos seus alunos",[130] era imperioso reformar o seu plano de estudos.

A reforma foi marcada por dois vetores: enriquecimento dos conteúdos curriculares anteriores e ênfase nos exercícios práticos de ensino, cuja marca característica foi a criação da Escola-Modelo anexa à Escola Normal, na verdade a principal inovação da reforma. De fato, foi por meio dessa escola de aplicação que o modelo pedagógico-didático tornou-se a referência para a formação de professores propiciada pelas Escolas Normais. Assumindo os custos de sua instalação e centralizando o preparo dos novos professores nos exercícios práticos, os reformadores estavam assumindo o entendimento de que sem assegurar, de forma deliberada e sistemática por meio da organização curricular, a preparação pedagógico-didática não se estaria, em sentido próprio, formando professores.

Essa reforma da Escola Normal da capital estendeu-se para as principais cidades do interior do estado de São Paulo e tornou-se referência para outros estados do país, que enviavam seus educadores para observar e estagiar em São Paulo ou recebiam "missões" de professores paulistas. Dessa forma, o padrão da Escola Normal centrado no modelo pedagógico-didático de formação docente tendeu a firmar e expandir-se por todo o país.

---

[128] SÃO PAULO. Decreto n. 27, de 12 de março de 1890. In: *Coleção das Leis e Decretos do Estado de* São Paulo. São Paulo: Imprensa Oficial do Estado, Tomo I – 1889-1891 apud REIS FILHO, Casemiro. *A educação e a ilusão liberal.* 2. ed. Campinas: Autores Associados, 1995, p. 50.

[129] REIS FILHO, Casemiro. *A educação e a ilusão liberal.* 2. ed. Campinas: Autores Associados, 1995, p. 44.

[130] SÃO PAULO. Decreto n. 27, de 12 de março de 1890. In: *Coleção das Leis e Decretos do Estado de São Paulo.* São Paulo: Imprensa Oficial do Estado, Tomo I – 1889-1891.

4.3 ORGANIZAÇÃO DOS INSTITUTOS DE EDUCAÇÃO (1932- 1939)

Ainda que o modelo pedagógico-didático tenha se fixado a partir da reforma paulista, após a primeira década republicana o ímpeto reformador arrefeceu-se e a expansão do modelo não se traduziu em avanços muito significativos, trazendo, ainda, a marca da força do modelo até então dominante centrado na preocupação com o domínio dos conhecimentos a serem transmitidos, situação essa que pode ser considerada a segunda vicissitude da história da formação de professores no Brasil.

Uma nova fase abriu-se com o advento dos Institutos de Educação, concebidos como espaços de cultivo da educação encarada não apenas como objeto do ensino, mas também da pesquisa. Nesse âmbito, as duas principais iniciativas foram o Instituto de Educação do Distrito Federal, concebido, estruturado e implantado por Anísio Teixeira em 1932 e dirigido por Lourenço Filho; e o Instituto de Educação de São Paulo, implantado em 1933 por Fernando de Azevedo. Ambos sob inspiração do ideário da Escola Nova.

Com a reforma instituída pelo Decreto n.º 3.810, de 19 de março de 1932, Anísio Teixeira propôs-se a erradicar aquilo que ele considerava como o "vício de constituição" das Escolas Normais que, "pretendendo ser, ao mesmo tempo, escolas de cultura geral e de cultura profissional, falhavam lamentavelmente nos dois objetivos".[131] Para esse fim, transformou a Escola Normal em Escola de Professores, cujo currículo incluía, já no primeiro ano, as seguintes disciplinas: 1) Biologia Educacional; 2) Sociologia Educacional; 3) Psicologia Educacional; 4) História da Educação; 5) Introdução ao Ensino, contemplando três aspectos: a) princípios e técnicas; b) matérias de ensino abrangendo cálculo, leitura e linguagem, literatura infantil, estudos sociais e ciências naturais; c) Prática de Ensino, realizada mediante a observação, a experimentação e a participação.

Como suporte ao caráter prático do processo formativo, a Escola de Professores contava com uma estrutura de apoio que envolvia: a) Jardim de Infância, Escola Primária e Escola Secundária, que funcionavam como campo de experimentação, demonstração e prática de ensino; b) Instituto de Pesquisas Educacionais; c) Biblioteca Central de Educação; d) Bibliotecas escolares; e) Filmoteca; f) Museus Escolares; g) Radiodifusão.

---

[131] VIDAL, Diana Gonçalves. *O exercício disciplinado do olhar*: livros, leituras e práticas de formação docente no Instituto de Educação do Distrito Federal (1932-1937). Bragança Paulista: Editora da Universidade São Francisco, 2001, p. 79-80.

O Instituto de Educação de São Paulo seguiu, sob a gestão de Fernando de Azevedo, um caminho semelhante, com a criação, também aí, da Escola de Professores.[132]

Pelo exposto, percebe-se que os Institutos de Educação foram pensados e organizados de maneira a incorporar as exigências da Pedagogia, que buscava firmar-se como um conhecimento de caráter científico. Caminhava-se, pois, decisivamente, rumo à consolidação do modelo pedagógico-didático de formação docente que permitiria corrigir as insuficiências e as distorções das velhas Escolas Normais caracterizadas por "um curso híbrido, que oferecia, ao lado de um exíguo currículo profissional, um ensino de humanidades e ciências quantitativamente mais significativo".[133]

4.4 ORGANIZAÇÃO E IMPLANTAÇÃO DOS CURSOS DE PEDAGOGIA E DE LICENCIATURA E CONSOLIDAÇÃO DO MODELO DAS ESCOLAS NORMAIS (1939-1971)

Os Institutos de Educação do Distrito Federal e de São Paulo foram ambos elevados ao nível universitário, tornando-se a base dos estudos superiores de educação: o Instituto de Educação paulista foi incorporado à Universidade de São Paulo, fundada em 1934, e o Instituto de Educação do Rio de Janeiro foi incorporado à Universidade do Distrito Federal, criada em 1935. E foi sobre essa base que se organizaram os Cursos de Formação de Professores para as escolas secundárias, generalizados para todo o país a partir do Decreto-lei n.º 1.190, de 04 de abril de 1939, que deu organização definitiva à Faculdade Nacional de Filosofia da Universidade do Brasil.

Sendo essa instituição considerada referência para as demais escolas de nível superior, o paradigma resultante do Decreto-lei n.º 1.190 estendeu-se para todo o país, compondo o modelo que ficou conhecido como "esquema 3+1", adotado na organização dos cursos de licenciatura e de Pedagogia. Os primeiros formavam os professores para ministrar as várias disciplinas que compunham os currículos das escolas secundárias. Os segundos formavam os professores para exercer a docência nas Escolas Normais. Em ambos os casos vigorava o mesmo esquema, isto é, três anos para o estudo das disciplinas

---

[132] MONARCHA, Carlos. *Escola Normal da praça:* o lado noturno das luzes. Campinas: Editora da Universidade Estadual de Campinas, 1999, p. 324-336.
[133] TANURI, Leonor Maria. História da formação de professores. *Revista Brasileira de Educação*, Rio de Janeiro, v. 85, n. 14, p. 61-88, 2000, p.72.

específicas, vale dizer, os conteúdos cognitivos ou os cursos de matérias, na expressão de Anísio Teixeira; e um ano para a formação didática.

Cabe observar que, ao ser generalizado, o modelo de formação de professores em nível superior perdeu sua referência de origem, cujo suporte eram as escolas experimentais, às quais competia prover uma base de pesquisa que pretendia dar caráter científico aos processos formativos, sendo essa a terceira vicissitude da história da formação de professores.

A mesma orientação prevaleceu no que se refere ao ensino normal, com a aprovação, em âmbito nacional, do Decreto-lei n.º 8.530, de 02 de janeiro de 1946, conhecido como Lei Orgânica do Ensino Normal.[134] Na nova estrutura, o curso Normal, em simetria com os demais cursos de nível secundário, foi dividido em dois ciclos: o primeiro correspondia ao ciclo ginasial do curso secundário e tinha a duração de quatro anos. Seu objetivo era formar regentes do ensino primário e funcionaria em Escolas Normais regionais. O segundo ciclo, com a duração de três anos, correspondia ao ciclo colegial do curso secundário. Seu objetivo era formar os professores do ensino primário e funcionaria em Escolas Normais e nos Institutos de Educação. Esses, além dos cursos citados, contariam com Jardim de Infância e Escola Primária anexos e ministrariam também cursos de especialização de professores primários para as áreas de educação especial, ensino supletivo, desenho e artes aplicadas, música e canto, e cursos de administradores escolares para formar diretores, orientadores e inspetores escolares.

Se os cursos normais de primeiro ciclo, pela sua similitude com os ginásios, tinham um currículo marcado pela predominância das disciplinas de cultura geral, no estilo das velhas Escolas Normais, tão criticadas, os cursos de segundo ciclo contemplavam todos os fundamentos da educação introduzidos pelas reformas da década de 1930.

Mas, ao serem implantados, tanto os cursos normais como os de licenciatura e pedagogia centraram a formação no aspecto profissional, garantida por um currículo composto por um conjunto de disciplinas a serem frequentadas pelos alunos, dispensada a exigência de escolas-laboratórios. Com isso, a força do modelo dos conteúdos culturais-cognitivos não deixou de impor-se mesmo ante a presença do modelo pedagógico-didático. Essa situação, especialmente no nível superior, expressou-se numa solução dualista: os cursos de licenciatura resultaram fortemente marcados pelo

---

[134] BRASIL. *Decreto-lei n.º 8.530/46, de 02 de janeiro de 1946*. Lei Orgânica do Ensino Normal. Disponível em: https://www.planalto.gov.br/ccivil_03//Decreto-Lei/1937-1946/Del8530.htm. Acesso em: 17 jan. 2024.

modelo dos conteúdos culturais-cognitivos, relegando o modelo pedagógico-didático a um apêndice de menor importância representado pelo curso de didática, encarado como uma mera exigência formal para a obtenção do registro profissional de professor, o que se constituiu na quarta vicissitude.

O curso de Pedagogia, à semelhança do que ocorreu com os cursos normais, foi marcado por uma tensão entre os dois modelos. Embora seu objeto próprio estivesse todo ele embebido do caráter pedagógico-didático, este tendeu a ser interpretado como um conteúdo a ser transmitido aos alunos e não como algo a ser assimilado teórica e praticamente para assegurar a eficácia qualitativa da ação docente. Consequentemente, o aspecto pedagógico-didático, em lugar de constituir-se como um novo modelo a impregnar todo o processo da formação docente, foi incorporado ainda sob a égide do modelo dos conteúdos culturais-cognitivos (quinta vicissitude).

4.5 SUBSTITUIÇÃO DA ESCOLA NORMAL PELA HABILITAÇÃO ESPECÍFICA DE MAGISTÉRIO (1971-1996)

O golpe militar de 1964 exigiu adequações no campo educacional, efetivadas mediante mudanças na legislação do ensino. Em decorrência, a Lei n.º 5.692/71[135] modificou os ensinos primário e médio, alterando sua denominação, respectivamente, para primeiro grau e segundo grau.

Nessa nova estrutura desapareceram as Escolas Normais. Em seu lugar foi instituída a Habilitação Específica de 2º grau para o exercício do magistério de 1º grau (HEM). Pelo Parecer n.º 349/72,[136] aprovado em 6 de abril de 1972, a Habilitação Específica do Magistério foi organizada em duas modalidades básicas: uma com a duração de três anos (2.200 horas), que habilitaria a lecionar até a 4ª série; e outra com a duração de quatro anos (2.900 horas), habilitando ao magistério até a 6ª série do 1º grau. O currículo mínimo compreendia o núcleo comum, obrigatório em todo o território nacional e para todo o ensino de 1º e 2º graus, destinado a garantir a formação geral; e uma parte diversificada, visando à formação especial. O antigo curso Normal cedeu lugar a uma habilitação de 2º grau. A formação de professores para o antigo ensino primário foi, pois, reduzida a uma habilitação dispersa em meio a tantas outras, configurando um quadro de precariedade bastante preocupante (sexta vicissitude).

---

[135] BRASIL. Lei n.º 5.692/71, de 11 de agosto de 1971. Fixa Diretrizes e Bases para o ensino de 1º e 2º graus, e dá outras providências. Brasília, *Diário Oficial*, 12 de agosto de 1971.

[136] BRASIL-MEC-CFE. Parecer n.º 349/72. *Documenta*, Brasília, n. 137, p. 155-173, abril de 1972.

A evidência e a gravidade dos problemas levaram o governo a lançar, em 1982, o projeto Cefam (Centros Específicos de Formação e Aperfeiçoamento do Magistério), que teve o caráter de "revitalização da Escola Normal".[137] Mas esse projeto, apesar dos resultados positivos, foi descontinuado quando seu alcance quantitativo ainda era restrito, não tendo havido, também, qualquer política para o aproveitamento dos professores formados pelos Centros nas redes escolares públicas (sétima vicissitude).

Para as quatro últimas séries do ensino de 1º grau e para o ensino de 2º grau, a Lei n.º 5.692/71 previu a formação de professores em nível superior, em cursos de licenciatura curta (três anos de duração) ou plena (quatro anos de duração). Ao curso de Pedagogia, além da formação de professores para Habilitação Específica de Magistério (HEM), conferiu-se a atribuição de formar os especialistas em educação, aí compreendidos os diretores de escola, orientadores educacionais, supervisores escolares e inspetores de ensino.

Paralelamente a esse ordenamento legal desencadeou-se, a partir de 1980, um amplo movimento pela reformulação dos cursos de Pedagogia e licenciatura, que adotou o princípio da "docência como a base da identidade profissional de todos os profissionais da educação".[138] À luz desse princípio, a maioria das instituições tendeu a situar como atribuição dos cursos de Pedagogia a formação de professores para a educação infantil e para as séries iniciais do ensino de 1º grau (ensino fundamental).

4.6 ADVENTO DOS INSTITUTOS SUPERIORES DE EDUCAÇÃO, CURSOS NORMAIS SUPERIORES E DIRETRIZES CURRICULARES NACIONAIS DO CURSO DE PEDAGOGIA (1996-2006)

O contexto de descaracterização do modelo de Escola Normal, representado pelo regime militar, constitui, também, o quadro da dispersão no que se refere à questão da formação docente no Brasil, que levou a um conjunto de iniciativas e de mobilização visando encontrar novas alternativas organizacionais para os cursos de formação de professores. Alimentou-se, assim, a expectativa de que, findo o regime militar, com a posse de um presidente civil, em 1985, esses problemas poderiam ser adequadamente equacionados.

[137] CAVALCANTE, Margarida Jardim. *Cefam*: uma alternativa pedagógica para a formação do professor. São Paulo: Cortez, 1994, p. 59, 76 e 123.
[138] SILVA, Carmem Silvia Bissolli. *Curso de pedagogia no Brasil*: história e identidade. 2. ed. revista e ampliada. Campinas: Autores Associados, 2003, p. 68 e 79.

De fato, a nova Constituição do país, promulgada em 5 de outubro de 1988, abria caminho nessa direção ao incorporar vários dispositivos que contemplavam diversas reivindicações do movimento docente e ao manter o dispositivo que conferia à União competência exclusiva para legislar sobre diretrizes e bases da educação nacional. Para dar cumprimento a esse dispositivo iniciou-se, já em dezembro de 1988, a tramitação da proposta de elaboração das novas diretrizes e bases da educação nacional, chegando-se, após diversos contratempos, à Lei n.º 9.394, promulgada em 20 de dezembro de 1996.

Nesse ano de 1996, o Brasil contava com "5.276 Habilitações Magistério em estabelecimentos de ensino médio, das quais 3.420 em escolas estaduais, 1.152 em escolas particulares, 761 em escolas municipais e três federais".[139] E, em nível superior, ainda segundo a mesma autora, contava, em 1994, com 337 cursos de Pedagogia, sendo 239 particulares, 35 federais, 35 estaduais e 28 municipais. Portanto a formação dos professores da educação infantil e das quatro primeiras séries do ensino fundamental era massivamente efetivada em nível médio.

Diante dessa situação, o artigo 62 da nova Lei de Diretrizes e Bases da Educação Nacional (LDB) estabeleceu que a formação dos docentes para atuar na educação básica, que abrange a educação infantil, o ensino fundamental e o ensino médio, passaria a ser feita em nível superior. Portanto o espírito da nova LDB era considerar o nível superior como exigência para a formação de professores de todos os tipos. Na prática isso significava passar ao nível superior a formação dos professores da educação infantil e das quatro primeiras séries do ensino fundamental, até então realizada predominantemente em nível médio. Na letra da lei houve, porém, duas falhas: uma de redação e a outra de técnica legislativa.

A falha de redação ocorreu no parágrafo quarto do Artigo 87 das Disposições Transitórias. Ali está escrito: "Até o fim da Década da Educação somente serão admitidos professores habilitados em nível superior ou formados por treinamento em serviço". Ora, literalmente, isso significa que até o final da década da educação, que a lei definiu como se iniciando "um ano a partir" de sua publicação, portanto, de 23 de dezembro de 1997 a 22 de dezembro de 2007, somente seriam admitidos professores formados em nível superior. Então, depois de 22 de dezembro de 2007, não haveria essa exigência, o que significaria que seria possível admitir professores sem formação superior.

---

[139] TANURI, 2000, p. 85.

É evidente que há, aí, um erro de redação. O que se queria dizer, e todos assim entenderam, é que a partir do fim da década da educação somente seriam admitidos professores habilitados em nível superior. Assim, os dez anos seriam um período de transição, após o que a regra não admitiria mais exceções. Mas essa falha não chegou a ter consequência porque, ao que parece, ninguém a notou. Já a falha de técnica legislativa, essa provocou consequências.

A referida falha consiste em que, no artigo 62, fixa-se a regra de que a formação de docentes para a educação básica será feita em nível superior. Mas no mesmo artigo introduz-se a exceção, admitindo-se como formação mínima o nível médio, sem estabelecimento de prazo. E somente nas "Disposições Transitórias", no mencionado parágrafo do artigo 87, fixa-se um prazo de dez anos para que a regra passasse a valer plenamente.

Ora, em termos de técnica legislativa caberia fixar, no corpo da lei, a regra e, nas disposições transitórias, admitir-se a exceção no período de transição. Assim, o artigo 62 deveria simplesmente estabelecer que a formação de docentes para a educação básica seria feita em nível superior. E, nas disposições transitórias, registrar que, até o fim da década da educação admitir-se-ia, como formação mínima, a oferecida em nível médio. Nesse caso, sim, caberia na redação a expressão "até o fim da década", referida à formação em nível médio, que deveria cessar, dando lugar à norma fixada pela lei que exige a formação em nível superior.

Diante dessa situação, mal a lei foi aprovada já começaram a surgir interpretações, provindas geralmente dos empresários do ensino que mantinham cursos de magistério de nível médio, dando conta que, juridicamente, as disposições transitórias não poderiam prevalecer sobre o corpo da lei. E como a formação mínima em nível médio estava no corpo da lei, isso significava que se tratava de uma disposição permanente e, portanto, as escolas de formação do magistério em nível médio poderiam continuar existindo sem problema algum.

Finalmente, o próprio Ministério e o Conselho Nacional de Educação acabaram chancelando essa interpretação, quando a Lei n.º 12.796, de 2013, deu nova redação ao caput do Art. 62, mantendo a fórmula "admitida, como formação mínima para o exercício do magistério na educação infantil e nos 5 (cinco) primeiros anos do ensino fundamental, a oferecida em nível médio na modalidade normal".

Pois bem, o lógico seria que fosse aprovada uma emenda à LDB, corrigindo a falha apontada. Cabe lembrar que, por pressões da CNBB, em relação ao ensino religioso, apenas seis meses após a aprovação da LDB aprovou-se uma lei excluindo do texto da LDB a expressão "sem ônus para os cofres públicos", o que veio a tornar possível que o Estado arque com os custos da oferta de ensino religioso nas escolas públicas. Nesse caso, para atender a um segmento da iniciativa privada, a Igreja, mudou-se o texto da lei. Em relação à formação de professores, atendeu-se à iniciativa privada, evitando-se mudar o texto da lei, sacrificando, porém, o seu espírito.

O mesmo artigo 62, que pretendia elevar a formação de todos os docentes para o nível superior, introduziu outra instância formativa: os Institutos Superiores de Educação, como está explícito no teor completo do enunciado do artigo:

> A formação de docentes para atuar na educação básica far-se-á em nível superior, em curso de licenciatura, de graduação plena, em universidades e institutos superiores de educação, admitida, como formação mínima para o exercício do magistério na educação infantil e nas quatro primeiras séries do ensino fundamental, a oferecida em nível médio, na modalidade Normal.[140]

É provável que a introdução dos Institutos Superiores de Educação no texto da lei tenha se originado do Programa de Valorização do Magistério, de iniciativa da Secretaria do Ensino Fundamental do MEC, na gestão de Murílio Hingel, nos anos de 1992 e 1993. Essa iniciativa buscou, com base no Programa de Cooperação Educativa Brasil-França, implantar Institutos Superiores de Formação de Professores no Brasil, inspirados na experiência francesa dos Institutos Universitários de Formação de Mestres.[141] Aliás, a ideia dos Institutos Superiores de Educação também guarda semelhança com as Escolas Superiores de Pedagogia (Pädagogische Hochschule) alemãs, com os Institutos de Magistério italianos e com as Universidades Pedagógicas de alguns países latino-americanos.[142] Registre-se que a experiência europeia, especificamente da Alemanha e da Itália, foi descontinuada por ter sido avaliada como uma iniciativa equivocada.

---

[140] BRASIL, 1996.
[141] TANURI, 2000, p. 85.
[142] SAVIANI, Dermeval. *A lei da educação (LDB)*: trajetória, limites e perspectivas. 13. ed. revista, atualizada e ampliada. Campinas: Autores Associados, 2016, p. 243-245.

O artigo 63 da LDB dispõe que "os Institutos Superiores de Educação manterão":

> I – cursos formadores de profissionais para a educação básica, inclusive o curso normal superior, destinado à formação de docentes para a educação infantil e para as primeiras séries do ensino fundamental;
>
> II – programas de formação pedagógica para portadores de diplomas de educação superior que queiram se dedicar à educação básica;
>
> III – programas de educação continuada para os profissionais de educação dos diversos níveis.[143]

Se no inciso I estivesse escrito "cursos formadores de professores para a educação básica", nós poderíamos concluir que os Institutos Superiores de Educação formariam os professores para a educação infantil e as quatro primeiras séries do ensino fundamental por meio da Escola Normal Superior e, além disso, poderiam formar, também, os professores para as quatro últimas séries do fundamental e para o ensino médio. E os profissionais especificados no artigo 64 só poderiam ser formados nos cursos de Pedagogia ou em pós-graduação, conforme diz o referido artigo:

> A formação de profissionais de educação para administração, planejamento, inspeção, supervisão e orientação educacional para a educação básica, será feita em cursos de graduação em pedagogia ou em nível de pós-graduação, a critério da instituição de ensino, garantida, nesta formação, a base comum nacional.[144]

Ocorre que, em lugar de "cursos formadores de professores", está escrito "cursos formadores de profissionais", o que conduz à interpretação de que, além de professores, os Institutos podem formar profissionais da educação básica, ou seja, os administradores, planejadores, inspetores, supervisores e orientadores educacionais mencionados no artigo 64.

Por esse caminho, os Institutos Superiores de Educação constituir--se-iam como alternativa aos cursos de Pedagogia e licenciaturas, podendo fazer tudo o que eles faziam, porém, de forma mais aligeirada, mais barata, com cursos de menor duração. E isso também não deixa de corresponder ao

---

[143] BRASIL, 1996.
[144] BRASIL, 1996.

espírito da LDB, pois essa participa da mesma lógica que vinha presidindo a política educacional, que tinha como uma de suas características a diversificação de modelos. Assim, onde fosse possível e houvesse recursos para tanto, seriam instalados os cursos de graduação de longa duração, leia-se Pedagogia e licenciaturas. Mas como uma alternativa a esse modelo haveria os Institutos Superiores de Educação.

Podemos, pois, concluir que as esperanças depositadas na nova Lei de Diretrizes e Bases da Educação Nacional, consubstanciadas na Lei n.º 9.394, de 20 de dezembro de 1996, no sentido de que ela viesse a enfrentar com êxito o problema da formação de professores, resultaram frustradas. Com efeito, até mesmo o dispositivo legal que elevaria o preparo de todos os professores ao nível superior resultou abortado, perdendo-se também a possibilidade de se estabelecer, no plano normativo, condições mais adequadas de organização e funcionamento dos cursos de formação docente no Brasil (oitava vicissitude).

Em consequência do disposto na LDB, o Conselho Nacional de Educação aprovou, em 9 de novembro de 1999, o Parecer n.º 970/99 que conferia apenas ao curso Normal Superior a incumbência de formar professores para a educação infantil e anos iniciais do ensino fundamental, retirando essa atribuição do curso de Pedagogia, que deveria limitar-se ao definido no Art. 64 da LDB, isto é, formar os "profissionais de educação para administração, planejamento, inspeção, supervisão e orientação educacional para a educação básica".

À vista de um parecer contrário do conselheiro Jacques Velloso e da reação negativa por parte do movimento dos educadores, o CNE decidiu rever o assunto em reunião marcada para o dia 7 de dezembro de 1999. No entanto, no dia 6 de dezembro, o governo baixou o Decreto n.º 3.276 reafirmando os termos do Parecer ao estabelecer que cabia exclusivamente ao curso Normal Superior formar professores para a educação infantil e séries iniciais do ensino fundamental.

Diante da comoção provocada, o governo, mediante o Decreto n.º 3.554, de 7 de agosto de 2000, substituiu o adjetivo "exclusivamente" por "preferencialmente". Finalmente, pela aprovação do Parecer CNE/CP n.º 5/2005, reexaminado pelo Parecer CNE/CP n.º 3/2006, atribuiu-se ao curso de Pedagogia a função de formar os professores da educação infantil e das séries iniciais do ensino fundamental. Inverteu-se, assim, a tendência anterior, neutralizando-se o dispositivo que instituíra os Cursos Normais Superiores.

O quadro de mobilização dos educadores alimentou a expectativa de que, findo o regime militar, o problema da formação docente no Brasil seria mais bem equacionado. Mas a nova LDB promulgada em 20 de dezembro de 1996, após diversos contratempos, não correspondeu a essa expectativa.

Introduzindo como alternativa aos cursos de Pedagogia e licenciaturas os Institutos Superiores de Educação e as Escolas Normais Superiores, a LDB sinalizou para uma política educacional tendente a efetuar um nivelamento por baixo: os Institutos Superiores de Educação emergem como instituições de nível superior de segunda categoria, provendo uma formação mais aligeirada, mais barata, por meio de cursos de curta duração. A essas características não ficaram imunes as novas diretrizes curriculares do curso de Pedagogia homologadas em abril de 2006 (nona vicissitude).

4.7 INCLUSÃO DA PÓS-GRADUAÇÃO ENTRE AS VIAS DE FORMAÇÃO DE PROFESSORES (2006-2014)

Como já foi assinalado, a formação de profissionais da educação para administração, planejamento, inspeção, supervisão e orientação educacional para a educação básica em nível de pós-graduação, que a LDB de 1996 havia posto apenas como alternativa ao nível dos cursos de graduação em Pedagogia, o Parecer do Conselho Nacional de Educação que fixou as Diretrizes Curriculares Nacionais do Curso de Pedagogia, certamente por indução da Anfope, propôs como regra. Esse encaminhamento, no caso em tela direcionado aos chamados especialistas em educação, tende agora, na vigência do novo Plano Nacional de Educação, a estender-se também para a formação de professores.

Com efeito, o PNE (2014-2024), além de estabelecer, na Meta 15, que União, estados, Distrito Federal e municípios deverão garantir, no prazo de um ano da publicação da lei que instituiu o PNE, política nacional de formação, assegurando que todos os professores da educação básica tenham formação em nível superior, estabeleceu, também, na Meta 16, a exigência de se

> [...] formar, em nível de pós-graduação, 50% dos professores da educação básica, até o último ano de vigência deste PNE, e garantir a todos os profissionais da educação básica formação continuada em sua área de atuação, considerando as necessidades, demandas e contextualizações dos sistemas de ensino.[145]

---

[145] BRASIL. *Plano Nacional de Educação:* Lei Nº 13.005/2014. Aprova o Plano Nacional de Educação e dá outras providências. Disponível em: https://pne.mec.gov.br. Acesso em: 17 jan. 2024.

Detectamos, aí, a décima vicissitude da história da formação de professores no Brasil, pois a tal política nacional de formação já deveria, pela determinação da lei do PNE, estar em vigor. No entanto isso não apenas não ocorreu como, ao incluir no regime de colaboração os municípios, entra em contradição com o próprio texto da LDB que, ao não permitir aos municípios atuar nos níveis médio e superior, impede-os de definir políticas de formação de professores.

4.8 SITUAÇÃO ATUAL DA FORMAÇÃO DE PROFESSORES NO BRASIL

As vicissitudes evidenciadas pelo rápido escorço histórico apresentado trazem a marca de uma constante precariedade das políticas formativas até agora adotadas. Essa constatação é corroborada pela estrutura organizativa atual da formação de professores no Brasil decorrente das diretrizes definidas nos seguintes documentos legais:

1. Parecer CNE/CP n.º 9/2001, aprovado em 8 de maio de 2001, parcialmente alterado pelo Parecer CNE/CP n.º 27/2001, aprovado em 02 de outubro de 2001, ambos homologados pelo MEC em 17 de janeiro de 2002. Tratam das "Diretrizes Curriculares Nacionais para a Formação de Professores da Educação Básica, em nível superior, curso de licenciatura, de graduação plena".

2. Resolução CNE/CP n.º 1, de 18 de fevereiro de 2002, decorrente do Parecer 9/2001, que fixou as "Diretrizes Curriculares Nacionais para a Formação de Professores da Educação Básica".

3. Parecer CNE/CP n.º 5/2005, de 13 de dezembro de 2005, reexaminado pelo Parecer CNE/CP n.º 3/2006, de 21 de fevereiro de 2006, homologado pelo MEC conforme despacho do ministro publicado no *Diário Oficial da União*, de 11 de abril de 2006. Trata das novas diretrizes curriculares para o curso de Pedagogia, atribuindo-lhe a formação de professores para exercer a docência nas seguintes áreas: (a) educação infantil; (b) anos iniciais do ensino fundamental; (c) cursos de ensino médio na modalidade normal; (d) cursos de educação profissional na área de serviços e apoio escolar; e (e) outras áreas nas quais sejam previstos conhecimentos pedagógicos.

4. Resolução CNE/CP n.º 1, de 15 de maio de 2006 que, em decorrência dos Pareceres n.º 5/2005 e n.º 3/2006, instituiu as "Diretrizes Curriculares Nacionais para o Curso de Pedagogia".

5. Iniciativa do MEC de organizar o sistema nacional de formação dos profissionais do magistério, sob coordenação da Capes, contando, também, com a educação a distância por meio da Universidade Aberta do Brasil (UAB).

6. Resolução CNE/CP nº 2, de 1º de julho de 2015, que definiu as "Diretrizes Curriculares Nacionais para a formação inicial em nível superior (cursos de licenciatura, cursos de formação pedagógica para graduados e cursos de segunda licenciatura) e para a formação continuada", por sua vez já revogada por nova Resolução, em dezembro de 2019.

7. Resolução n.º 2, de 20 de dezembro de 2019, também do Conselho Pleno do Conselho Nacional de Educação (Resolução CNE/CP nº 2, de 20/12/2019), que redefiniu as "Diretrizes Curriculares Nacionais para a Formação Inicial de Professores para a Educação Básica" e instituiu a "Base Nacional Comum para a Formação Inicial de Professores da Educação Básica (BNC-Formação)".[146]

Quais as perspectivas que essas medidas aprovadas nessas duas décadas do início do século XXI nos apresentam?

Tanto as Diretrizes Curriculares Nacionais para a formação de professores da educação básica como aquelas referentes ao curso de Pedagogia apresentam as seguintes características:

a) Diagnóstico relativamente adequado.

A elaboração dos pareceres parte de um diagnóstico da área objeto de análise descrevendo a situação e apontando, de forma pertinente, os problemas a serem resolvidos e as dificuldades a serem superadas.

b) Caráter aparentemente abrangente dos pareceres.

Provavelmente, a necessidade de levar em conta propostas e pressões vindas do meio acadêmico encabeçadas pela Associação Nacional pela Formação dos Profissionais da Educação (Anfope) e formuladas nas audiências

---

[146] Por forte reação de entidades ligadas à formação de professores, no momento em que este texto era revisado havia uma indefinição acerca da continuidade da sua vigência. (Nota do organizador)

públicas, juntamente à visão hoje dominante caracterizada por uma espécie de pluralismo eclético, fez com que se procurasse dar conta das diferentes perspectivas e dos vários aspectos envolvidos na formação docente. Assim, tanto no Parecer e na Resolução referentes às diretrizes curriculares nacionais dos cursos de licenciatura como do curso de Pedagogia, encontramos uma linguagem impregnada do espírito dos chamados novos paradigmas, que vêm prevalecendo na cultura contemporânea, em geral, e na educação, em particular.

O resultado coloca-nos diante do seguinte paradoxo: as novas diretrizes curriculares nacionais dos Cursos de Formação de Professores são, ao mesmo tempo, extremamente restritas e demasiadamente extensivas: muito restritas no essencial e assaz excessivas no acessório. São restritas no que se refere ao essencial, isto é, àquilo que configura a Pedagogia como um campo teórico-prático dotado de um acúmulo de conhecimentos e experiências resultantes de séculos de história, mas são extensivas no acessório, isto é, dilatam-se em múltiplas e reiterativas referências à linguagem hoje em evidência, marcada por expressões como conhecimento ambiental-ecológico; pluralidade de visões de mundo; interdisciplinaridade, contextualização, democratização; ética e sensibilidades afetiva e estética; exclusões sociais, étnico-raciais, econômicas, culturais, religiosas e políticas; diversidade; diferenças; gêneros; faixas geracionais; orientações sexuais.

c) Centralidade da noção de "competências".

O recurso ao conceito de "competências" imprime um tom próprio sintonizado com a política oficial, impregnada pela "pedagogia das competências", cujo sentido sintetizei no verbete correspondente, inserido no livro *A pedagogia no Brasil: história e teoria*.[147] A aquisição de competências como tarefa pedagógica foi interpretada na década de 1960 a partir da matriz behaviorista. Nessa acepção, as competências identificavam-se com os objetivos operacionais. Atingi-los, isto é, tornar-se capaz de realizar as operações por eles traduzidas, significava adquirir as competências correspondentes.

Numa tentativa de superar os limites do condutivismo emergiu a teoria construtivista, na qual as competências vão se identificar com os próprios esquemas adaptativos construídos pelos sujeitos na interação com o ambiente num processo, segundo Piaget, de equilibração e acomodação. Atualmente, no âmbito do neoconstrutivismo, essa ideia de fundo mantém-se, mas é despida do caráter cognitivo ligado à ideia de que o processo adapta-

---

[147] SAVIANI, Dermeval. *A pedagogia no Brasil:* história e teoria. 2. ed. Campinas: Autores Associados, 2012, p. 150-151.

tivo, para ter êxito, suporia, em algum grau, o conhecimento do meio pelo sujeito, obtido por esquemas conceptuais prévios, conforme entendia Piaget. Agora, a questão da verdade é elidida. O neoconstrutivismo funde-se com o neopragmatismo e as competências resultam assimiladas aos "mecanismos adaptativos do comportamento humano ao meio material e social".[148] Para a adaptação aos meios natural e material entrariam em cena as competências cognitivas, e os mecanismos de adaptação ao meio social seriam constituídos pelas competências afetivo-emocionais.

d) Sintonia com a política oficial.

A política educacional vigente vem se guiando pelo seguinte vetor: redução de custos, conforme o princípio do máximo de resultados com o mínimo de dispêndio (investimento). Em relação à formação de professores isso é traduzido pelo objetivo de formar um professor técnico e não um professor culto. Daí, o dispositivo da LDB prevendo a criação de Institutos Superiores de Educação e de Escolas Normais Superiores.[149]

e) Posição dos pareceres diante dos dois modelos básicos de formação de professores (modelo cultural-cognitivo e modelo pedagógico-didático).

Os pareceres reconhecem essa dicotomia e apresentam um arrazoado que sugeriria um encaminhamento visando à sua superação. Mas isso não chega a acontecer. Veja-se o § único do artigo 11 da Resolução que fixou as Diretrizes Curriculares Nacionais para a Formação de Professores da Educação Básica:

> Nas licenciaturas em educação infantil e anos iniciais do ensino fundamental deverão preponderar os tempos dedicados à constituição de conhecimentos sobre os objetos de ensino e nas demais licenciaturas o tempo dedicado às dimensões pedagógicas não será inferior à quinta parte da carga horária total.[150]

Tratar-se-ia, então, de um "esquema 4+1"? Assim sendo, o desequilíbrio resulta ainda maior do que no "esquema 3+1", o que é reforçado pela

---

[148] RAMOS, Marise Nogueira. É possível uma pedagogia das competências contra-hegemônica? Relações entre pedagogia das competências, construtivismo e neopragmatismo. *Trabalho, Educação e Saúde*, Rio de Janeiro, v. 1, n. 1, p. 93-114, 2003, p. 108.

[149] SAVIANI, 2016, p. 243-247.

[150] BRASIL. *Resolução CNE/CP 02/2015*, de 01/07/2015. Define as Diretrizes Curriculares Nacionais para a formação inicial em nível superior (cursos de licenciatura, cursos de formação pedagógica para graduados e cursos de segunda licenciatura) e para a formação continuada. Disponível em: https://normativasconselhos.mec.gov.br/normativa/view/CNE_RES_CNECPN22015.pdf?query=LICENCIATURA. Acesso em: 17 jan. 2024.

diretriz que determina a preponderância do modelo cultural-cognitivo para as licenciaturas em educação infantil e anos iniciais do ensino fundamental, exatamente as áreas em que tinha vez o modelo pedagógico-didático.

Em suma: os pareceres resultam dispersivos, não imprimem uma orientação segura e não garantem os elementos para uma formação consistente. Portanto as perspectivas postas pela situação atual não são nada animadoras. Ao contrário, colocam-nos desafios que precisamos enfrentar. Eis os principais desafios:

a. fragmentação e dispersão das iniciativas, justificadas pela chamada "diversificação de modelos de organização da educação superior";

b. descontinuidade das políticas educacionais;

c. burocratismo da organização e funcionamento dos cursos no qual o formalismo do cumprimento das normas legais impõe-se sobre o domínio dos conhecimentos necessários ao exercício da profissão docente;

d. separação entre as instituições formativas e o funcionamento das escolas no âmbito dos sistemas de ensino;

e. o dilema pedagógico expresso na contraposição entre teoria e prática, entre conteúdo e forma, entre conhecimento disciplinar e saber pedagógico-didático;[151]

f. jornada de trabalho precária e baixos salários.

Considerando que vicissitudes remetem a uma ampla sinonímia que inclui termos como adversidade, atribulação, contrariedade, contratempo, crise, dificuldade, transtorno, desdita, óbice e revés, percebe-se que a cada vicissitude que sobrevinha à história da Pedagogia, uma ou mais perspectivas deixavam de se abrir.

Assim, por exemplo, a intermitência no funcionamento das Escolas Normais retardou a perspectiva de fixação do padrão de formação de professores primários, condição indispensável para a consolidação da instrução pública no Brasil. Igualmente, a vicissitude acometida à busca de institucionalização da pesquisa pedagógica pela via da incorporação dos Institutos de

---

[151] SAVIANI, 2012, p. 103-106.

Educação na organização universitária impediu que se abrisse a perspectiva de uma formação consistente do magistério de educação básica em nosso país.

O afastamento das vicissitudes implica a abertura de novas perspectivas pelo enfrentamento dos desafios apontados numa linha de ação cujas características contrapõem simetricamente aos referidos desafios:

a. Contra a fragmentação e a dispersão das iniciativas propomos uma concepção orgânica da formação de professores centrada no padrão universitário e nas faculdades de educação como lócus privilegiado da formação de professores.

b. Contra a descontinuidade das políticas educacionais defendemos uma política educacional em longo prazo que priorize a formação de professores cultos em cursos de longa duração.

c. Contra o burocratismo da organização e o funcionamento dos cursos propugnamos pela transformação das faculdades de educação em espaços de ensino e pesquisa que possam receber os jovens candidatos ao magistério, colocando-os num ambiente de intenso e exigente estímulo intelectual.

d. Contra a separação entre as instituições formativas e o funcionamento das escolas propomos uma forte articulação entre os cursos de formação e o funcionamento das escolas, considerando dois aspectos: tomar o seu modo de funcionamento como ponto de partida da organização do processo formativo e redimensionar os estágios como instrumentos que situem a administração dos sistemas de ensino, as escolas de educação básica e as faculdades de educação atuando conjuntamente em regime de colaboração na formação dos novos professores.

e. Contra as várias formas de manifestação do dilema pedagógico, entendemos que sua solução demanda uma formulação teórica que supere as oposições excludentes e consiga articular teoria e prática, conteúdo e forma, assim como professor e aluno, numa unidade compreensiva desses polos que, contrapondo-se entre si, dinamizam o trabalho pedagógico. E essa nova formulação teórica foi a tarefa a que se propôs a pedagogia histórico-crítica. Acredita-se que a orientação metodológica posta em movimento pela pedagogia histórico-crítica recupera a unidade da atividade educativa no interior da prática social articulando seus aspectos teóricos e práticos, que se sistematizam na pedagogia concebida, ao mesmo tempo, como teoria e prática da educação. Supera-se, assim, o dilema próprio das duas grandes tendências pedagógicas contemporâneas: a concepção tradicional e a concepção renovadora.[152]

f. Enfim, em contraste com a jornada de trabalho precária e os baixos salários é preciso levar em conta que a formação não terá êxito sem medidas correlatas relativas à carreira e às condições de trabalho que valorizem o professor, envolvendo dois aspectos: jornada de trabalho de tempo integral em uma única escola, com tempo para aulas, preparação de aulas, orientação de estudos dos alunos, participação na gestão da escola e reuniões de colegiados, e atendimento à comunidade; e salários dignos que, valorizando socialmente a profissão docente, atrairão candidatos dispostos a investir tempo e recursos numa formação de longa duração.

CONCLUSÃO

A trajetória percorrida mostra que, ao longo dos últimos dois séculos, as sucessivas mudanças introduzidas no processo de formação docente revelam um quadro de descontinuidade, embora sem rupturas. A questão pedagógica, de início ausente, vai penetrando lentamente até ocupar posição central nos ensaios de reformas da década de 1930, mas não encontrou até hoje um encaminhamento satisfatório. Ao fim e ao cabo, o que se revela permanente no decorrer dos seis períodos analisados é a precariedade das políticas formativas, cujas sucessivas mudanças não lograram estabelecer um padrão minimamente consistente de preparação docente para fazer face aos problemas enfrentados pela educação escolar em nosso país.

E, infelizmente, essa situação só tende a agravar-se com as reformas regressivas que vêm sendo postas em prática pelo governo que se impôs, em 2016, por meio de um golpe jurídico-midiático-empresarial-parlamentar que vitimou a democracia brasileira e que atingiu o paroxismo com a eleição de Bolsonaro em outubro de 2018, numa contraditória democracia suicida na qual o povo, que no regime democrático é o verdadeiro soberano, no

---

[152] SAVIANI, 2012, p. 107-113; p. 127-137.

exercício de sua soberania, iludido por promessas falaciosas e enganado por informações falsas, votou contra si mesmo elegendo seus próprios algozes.

Enquanto não conseguirmos reverter essa situação estaremos submetidos a um processo de destruição da educação pública no âmbito de uma destruição geral do país consoante uma política deliberada que segue, em todos os ministérios, a diretriz enunciada explicitamente pelo presidente: "Eu não vim para construir nada, estou aqui para destruir"

Isso posto, resta concluir que somente uma grande mobilização popular liderada pelos sindicatos dos trabalhadores de todas as categorias profissionais, incluídos os servidores públicos, e pelos movimentos sociais populares com apoio dos partidos da oposição consequente, poderá derrotar esse governo de destruição nacional.

REFERÊNCIAS

ARAUJO, José Carlos Souza; FREITAS, Anamaria Gonçalves Bueno de; LOPES, Antônio de Pádua Carvalho. (org.) *As escolas normais no Brasil*: do Império à República. Campinas: Alínea, 2008.

BRASIL. *Decreto-lei n.º 8.530/46, de 02 de janeiro de 1946.* Lei Orgânica do Ensino Normal. Disponível em: https://www.planalto.gov.br/ccivil_03//Decreto-Lei/1937-1946/Del8530.htm. Acesso em: 17 jan. 2024.

BRASIL. Lei n.º 5.692/71, de 11 de agosto de 1971. Fixa Diretrizes e Bases para o ensino de 1° e 2° graus, e dá outras providências. *Diário Oficial*, Brasília, 12 de agosto de 1971.

BRASIL-MEC-CFE. Parecer n.º 349/72. *Documenta*, Brasília, n. 137, p. 155-173, abril de 1972.

BRASIL. *Lei de Diretrizes e Bases da Educação Nacional*, LDBEN 9.394/96, de 20 de dezembro de 1996. Estabelece as diretrizes e bases da educação nacional. Disponível em: https://www.planalto.gov.br/ccivil_03/Leis/L9394.htm. Acesso em: 17 jan. 2024.

BRASIL. *Plano Nacional de Educação: Lei Nº 13.005/2014*. Aprova o Plano Nacional de Educação e dá outas providências. Disponível em: https://pne.mec.gov.br. Acesso em 17 jan. 2024.

BRASIL. *Resolução CNE/CP 02/2015*, de 01/07/2015. Define as Diretrizes Curriculares Nacionais para a formação inicial em nível superior (cursos de licenciatura, cursos de formação pedagógica para graduados e cursos de segunda licenciatura) e para a formação continuada. Disponível em: https://normativasconselhos.mec.gov.br/normativa/view/CNE_RES_CNECPN22015.pdf?query=LICENCIATURA. Acesso em: 17 jan. 2024.

CAVALCANTE, Margarida Jardim. *Cefam*: uma alternativa pedagógica para a formação do professor. São Paulo: Cortez, 1994.

CAVALLI, Alessanro. [a cura di]. *Insegnare oggi:* prima indagine IARDI sulle condizioni di vita e di lavoro nella scuola italiana. Bologna: Il Mulino, 1992.

MACAHUBAS, Barão de [Abílio César Borges]. Ponencia en la 9ª sesión de prórroga del Congreso Pedagógico Internacional. *In*: *Actas del Congreso Pedagógico Internacional de Buenos Aires*, Tomo III, 1882, p.124-126, 148-156 e 184-185.

MONARCHA, Carlos. *Escola Normal da praça:* o lado noturno das luzes. Campinas: Editora da Universidade Estadual de Campinas, 1999.

RAMOS, Marise Nogueira. É possível uma pedagogia das competências contra-hegemônica? Relações entre pedagogia das competências, construtivismo e neopragmatismo. *Trabalho, Educação e Saúde*, Rio de Janeiro, v. 1, n. 1, p. 93-114, 2003.

REIS FILHO, Casemiro. *A educação e a ilusão liberal*. 2. ed. Campinas: Autores Associados, 1995.

SANTONI RUGIU, Antonio. *Nostalgia do mestre artesão.* Campinas: Autores Associados, 1998.

SÃO PAULO. Decreto n.º 27, de 12 de março de 1890. São Paulo: Imprensa Oficial do Estado, Tomo I – 1889-1891. (Coleção das Leis e Decretos do Estado de São Paulo).

SAVIANI, Dermeval. *A pedagogia no Brasil:* história e teoria. 2. ed. Campinas: Autores Associados, 2012.

SAVIANI, Dermeval. *A lei da educação (LDB)*: trajetória, limites e perspectivas. 13. ed. revista, atualizada e ampliada. Campinas: Autores Associados, 2016.

SILVA, Carmem Silvia Bissolli. *Curso de pedagogia no Brasil*: história e identidade. 2. ed. revista e ampliada. Campinas: Autores Associados, 2003.

TANURI, Leonor Maria. História da formação de professores. *Revista Brasileira de Educação*, Rio de Janeiro, v. 85, n. 14, p. 61-88, 2000.

VIDAL, Diana Gonçalves. *O exercício disciplinado do olhar*: livros, leituras e práticas de formação docente no Instituto de Educação do Distrito Federal (1932-1937). Bragança Paulista: Editora da Universidade São Francisco, 2001.

5

FORMAÇÃO DOCENTE NO BRASIL: REFLEXÕES E PONDERAÇÕES

BERNARDETE ANGELINA GATTI

INTRODUÇÃO

Parto da ideia de que para melhor compreender e discutir os desafios da formação de professores para a educação básica é importante que se tenha minimamente alguma perspectiva histórica sobre essa formação.

Fazendo uma rápida e pequena digressão na história da educação escolar no Brasil, observamos que, apesar de iniciativas de religiosos e das poucas escolas para filhos das classes mais abastadas, não se pode falar em educação para o povo, educação pública básica no Brasil nos primeiros três séculos depois da nossa descoberta. No processo de interiorização da população, ainda escassa nesse período, iniciativas locais e familiares podem ser relatadas, mas são iniciativas de pouco alcance com poucos inseridos nos processos de alfabetização.

A vinda de D. João VI para o Brasil, em fuga dos avanços de Napoleão Bonaparte, vai propiciar não uma formação escolar de base para o povo brasileiro, mas a instalação de escolas superiores que, em parte, respondiam a novas necessidades governamentais (saúde e transporte, principalmente), porém são instituições que, em grande maioria, recebem os oriundos de famílias mais abastadas ou proeminentes. Isso também aliviou financeiramente essas famílias, que não precisam mais mandar seus filhos para estudarem na Europa, como era o hábito, com alto custo.

Conforme Caldeira (2017), o conservadorismo e a restrição à produção cultural local acabam por ser a tônica da governança portuguesa, que reprimia aqui o avanço dos conhecimentos e das letras. Basta lembrar que tipografias eram confiscadas pelo governo até o século XIX.

A partir desse século, a população brasileira começa a avolumar-se. Já tínhamos uma certa expansão populacional pelo interior do país e, ao final do século, a imigração de europeus cresce, a libertação dos escravos traz novos contingentes para as cidades, demandas sociais novas surgem no horizonte nacional e a República instala-se.

Adentramos o século XX com a emergência de indústrias ampliando o espectro do trabalho em alguns centros, mesmo predominando a vocação agrícola e oligárquica, que marcava fortemente o país. Aliado à formação populacional já instaurada no país, o grande aumento das imigrações nas primeiras décadas do século XX, principalmente com proveniência dos países europeus, provoca mudanças culturais significativas. Mesmo que muitos dos imigrantes venham em condições pouco favoráveis, diversos quase como escravos, eles são portadores de uma cultura diferenciada, são alfabetizados, prezam a escola para seus filhos, dominam habilidades fabris e tiveram vivência associativa laboral, eles colocam-se como demandantes, quer por melhores condições de trabalho, quer por escolarização para seus descendentes.

O mesmo processo vai ocorrer anos depois, com a imigração massiva de japoneses. Nesse sentido é que se pode falar em algumas transformações culturais significativas devido à miscigenação multifacetada que ocorre. A escola passa a ser vista como direito social por parte da população. Lembro, aqui, do operariado em São Paulo, indo às ruas lutar por escola para seus filhos no início do século, inclusive sofrendo repressão por causa disso. Esses movimentos vão colocando no cenário nacional uma ideia de escola pública.

Com a população em crescimento e com a diversificação social de atividades do comércio, da indústria e de serviços, além do crescimento das cidades, em que o isolamento social passa a ser menor, a demanda por educação aparece mais claramente. Escolas públicas começam a expandir-se, embora de modo lento e desigual, no país. Professores, em sua maior parte, são improvisados.

Nesse contexto, emerge o movimento dos Pioneiros da Educação Nova, cujo documento de 1932 (depois, novamente manifestar-se-ão em 1959) coloca-se na esteira da reivindicação da expansão escolar pública, com perspectiva renovada – nos termos da década de sua publicação, evidentemente – e, nas vozes de Fernando de Azevedo e Anísio Teixeira, entre outros, pugnando por escolas e pela qualificação da educação escolar, e propondo formação superior para os professores a bem da qualidade educacional. Lê-se na introdução ao texto forte crítica ao status quo educacional à época:

> Todas as gerações que nos precederam [...] foram vítimas de vícios orgânicos de nosso "aparelhamento de cultura" cuja reorganização não se podia esperar de uma mentalidade política, sonhadora e romântica, ou estreita e utilitária, para a qual a educação nacional não passa geralmente de um tema para variações líricas ou dissertações eruditas. [...] uma alma antiga em um mundo novo.[153]

As demandas e a luta dos pioneiros não vingaram nas políticas de ação e nas legislações subsequentes. Os cursos superiores para formar professores continuaram escassos. Por outro lado, também a oferta de ensino primário era insuficiente e, mais ainda, a do ensino secundário.

O crescimento da escolarização pública seguiu ritmo vegetativo e apenas em meados dos anos 1950 é que se observa, pelos dados educacionais, que o ensino "primário" começa a expandir-se, de fato, no Brasil. No início dessa década contávamos com mais de 50% da população analfabeta.[154] Data desse período a maior expansão das Escolas Normais, que já vinham formando professores para os primeiros anos do ensino fundamental.[155]

Nos anos 1960, particularmente com o golpe dos militares em 1964, o país entra em um período marcado pelo desenvolvimentismo, quando a educação escolar coloca-se como necessária. O projeto de desenvolvimento requeria ampliação da escolarização, sobretudo por questões econômicas e ligadas ao mundo do trabalho. A educação que se propôs era voltada a objetivos e metas operacionais, situadas em demandas do projeto político do momento social e econômico, com apoios dirigidos a iniciativas específicas. No entanto o crescimento da educação pública geral não obteve financiamento adequado no período. Mais uma vez, o investimento federal nesse ponto foi pequeno e a responsabilidade da educação inicial ficou principalmente a cargo dos estados, o que gerou grandes desigualdades regionais.

Não houve política específica para formação de professores no período nem apoios dirigidos a essa formação, apenas continuaram a valer as orientações de currículo mínimo para os cursos de licenciatura normatizados pelo então Conselho Federal de Educação, e estava vigente o Registro de Professor no Ministério da Educação e Cultura, pelo qual, além da disciplina para a

---

[153] AZEVEDO, Fernando et al. *Manifesto dos Pioneiros da Educação Nova (1932) e dos Educadores (1959)*. Recife: Fundação Joaquim Nabuco; Massangana, 2010, p. 6.

[154] GATTI, Bernardete Angelina; SILVA, Rose Neubauer; ESPÓSITO, Yara Lúcia. Alfabetização e educação básica no Brasil. *Cadernos de Pesquisa*, São Paulo, n. 75, p. 7-14, 1990.

[155] TANURI, Leonor Maria. História da formação de professores. *Revista Brasileira de Educação*, Rio de Janeiro, v. 85, n. 14, p. 61-88, 2000.

qual se formaram, permitia a licenciados lecionar várias outras disciplinas correlatas ou constantes do seu currículo mínimo.

Por exemplo, os licenciados em Pedagogia eram preparados para lecionar nas Escolas Normais de nível médio e, além das disciplinas específicas, como Didática e Prática de Ensino, podiam ensinar Sociologia, Filosofia, Biologia e Biologia Educacional; e no Ginasial (hoje anos finais do ensino fundamental) podiam lecionar História e Matemática (no currículo de Pedagogia, à época, havia um ano de Matemática e também Estatística, bem como Biologia e Biologia Educacional). O licenciado em Ciências Biológicas era autorizado, pelo Registro, a ensinar, além das ciências ligadas à Biologia, também Química e Física.

O objetivo era dar cobertura às disciplinas da educação básica, além de contar com outras práticas, como cursos complementares de 360 horas, que habilitavam ao magistério os formados em outras graduações, como Direito ou Engenharia.

Para a educação infantil e os primeiros anos do ensino fundamental eram autorizados os formados em curso Normal, mas, com o crescimento da demanda escolar e das redes públicas, professores leigos eram admitidos (com ensino primário completo ou ensino secundário – correspondente ao atual ensino médio – completo ou incompleto). Havia também um exame de suficiência que permitia registro com autorização para lecionar em áreas específicas. Esses foram os meios encontrados para suprir as escolas com professores.

Vamos chegar ao final dos anos 1970 com uma explosão das demandas sociais, quando se forma uma nova consciência social, novas necessidades educacionais são postas e despontam as lutas pela redemocratização do país. Observa-se, também, um novo ciclo de disputas pela educação escolar, pelo seu crescimento, pela universalização e pela constatação da exclusão escolar de grandes camadas populacionais. No final dessa década, ao lado das manifestações pró-democracia, educadores mobilizam-se.

No início dos anos 1980 despontam, com ações importantes, a Associação Nacional de Pesquisa e Pós-Graduação em Educação (Anped) e o Centro de Estudos Educação e Sociedade (Cedes), revitaliza-se a Anpae (então denominada Associação Nacional de Pesquisa em Administração da Educação), que por seus debates, publicações e manifestações, impulsionam estudos diferenciados em educação e entram na luta por mais e melhor educação.

Ponto relevante foi a organização de uma grande Conferência Brasileira de Educação (I CBE), quando documentos importantes e análises críticas sobre a situação da educação no país foram discutidos, ainda em período ditatorial. Questões sobre a formação de docentes são ventiladas, mas não entram na primeira linha dos debates. Esse tema vai começar a aparecer com mais força apenas nos anos 1990 e seu tratamento em políticas nacionais é controverso e com não poucas vicissitudes.

Relembro, aqui, as análises do estudo realizado por Silva *et al* (1991), abrangendo os anos 1950 a 1986, em que as autoras constatam que os diversos trabalhos voltados principalmente à análise e à discussão de como o professor é formado "denunciam uma grande imprecisão sobre qual o perfil desejável a esse profissional" e que, "diferentes obras, ao longo do tempo, fazem críticas aos currículos dos cursos apontados como enciclopédicos, elitistas e idealistas". Consideram ainda, que as diferentes reformas acabaram por "aligeirá-los cada vez mais tornando-os, na sua maioria, currículos de formação geral diluída e formação específica cada vez mais superficial".[156] Nessa linha de análise também referimos o estudo detalhado de Tanuri[157] sobre a história da formação de professores no Brasil, em que mostra as carências e as precariedades que no século XIX apresentaram-se em sua formação e, décadas depois, após algum fortalecimento das Escolas Normais, a descaracterização progressiva dessa formação.

O crescimento das redes escolares torna-se expressivo sobretudo a partir dos anos 1980. Nessa década foram implantados em vários estados do país os Centros Específicos de Formação e Aperfeiçoamento do Magistério (Cefam),[158] com proposta curricular diferenciada, oferta em tempo integral e bolsas de estudo em alguns casos. Necessidade social sentida, foi uma reação ao anteriormente ocorrido com a mudança das Escolas Normais de nível médio para apenas uma habilitação entre outras, no ensino médio geral, com descaracterização da formação de professores para atuar nos primeiros anos da educação básica.

---

[156] SILVA, Rose Neubauer et al. *Formação de professores no Brasil*: um estudo analítico e bibliográfico. São Paulo: Fundação Carlos Chagas; REDUC, 1991, p. 135.

[157] TANURI, 2000.

[158] BRASIL. Ministério da Educação e Cultura. *COES. Centro de Formação e Aperfeiçoamento do Magistério – Cefam*. Brasília (DF), 1983. (mimeo); BRASIL. Ministério da Educação e Cultura. *SESG. Cefam, uma alternativa pedagógica*. Brasília (DF): Ministério da Educação e Cultura, 1987.

No entanto os centros que foram bem-sucedidos[159] foram extintos aos poucos, a partir da Lei de Diretrizes e Bases da Educação Nacional (LDBEN) de 1996, quando se propôs a formação de todos os professores em nível superior. A LDB tratou da formação de professores em capítulo específico, que vem sofrendo alterações de redação desde então. Essa Lei previa que a formação de todos os professores para a educação básica fosse feita sempre em nível superior, fixando prazo de dez anos para a realização dessa proposta. Porém, em 2013, por alteração na LDB, admite-se sem restrição a formação de docentes para a educação infantil e primeiros anos do ensino fundamental na modalidade normal em nível médio (Lei n.º 12.796/2013), o que foi reafirmado pela Lei n.º 13.415/2017.

Na sintética trajetória descrita, observamos que nossas políticas educacionais mostraram-se fragmentárias, respondendo a pressões imediatistas, a alguns movimentos sociais emergentes e, particularmente, dos que tinham "voz" – em geral porta-vozes das classes ascendentes –, atestando isso as lutas altamente alardeadas pela imprensa em torno dos vestibulares ao ensino superior nos anos 1960 e as verbas da União, em sua maior parte, sempre voltadas ao ensino superior.

Como as lutas pela educação básica alcançavam pouca audiência, a educação fundamental no Brasil, assim como a formação de professores, não mereceu uma política de apoio mais direto até meados dos anos 1990, com o advento do Fundo de Manutenção e Desenvolvimento do Ensino Fundamental e de Valorização do Magistério (Fundef)[160] e, posteriormente, com sua ampliação pelo Fundo de Manutenção e Desenvolvimento da Educação Básica e de Valorização dos Profissionais da Educação (Fundeb),[161] na década de 2000, ambos fundos nacionais redistributivos que trazem reserva de verba também para a formação continuada de professores.

Porém a formação inicial de docentes para a educação básica nas graduações recebe pouca atenção. O currículo relativo à formação inicial de docentes nos cursos superiores só será tratado pelo Conselho Nacional de Educação (CNE) de modo mais direto e com orientações para essa formação a

---

[159] CAVALCANTE, Margarida Jardim. *Cefam*: uma alternativa para a formação de professores. São Paulo: Cortez, 1994; SÃO PAULO (Estado). *Projeto Cefam*: avaliação do percurso. São Paulo: SEE/SP Coordenadoria de Normas e Estudos Pedagógicos (Cenpec), 1992.

[160] BRASIL. Congresso Nacional. *Lei n.º 9.424, de 24 de dezembro de 1996*. Dispõe sobre o Fundo de Manutenção do Ensino Fundamental e de Valorização do Magistério. Brasília (DF), 1996.

[161] BRASIL. Congresso Nacional. *Lei n.º 11.494, de 20 de junho de 2007*. Regulamenta o Fundo de Manutenção e Desenvolvimento da Educação Básica e de Valorização dos Profissionais da Educação. Brasília (DF), 2007.

partir de 2002.[162] No entanto essas orientações tiveram pouco impacto direto nos cursos, tendo sido, de certa forma, "deixadas de lado" pelo próprio CNE no contexto de mudanças de perspectivas na política nacional.

A preocupação do CNE com os currículos de formação de professores só será retomada, de fato, a partir de 2011/12, instada pelas manifestações de diferentes segmentos da sociedade e de reflexões de pesquisas sobre a questão e sobre as condições da educação básica no país, o que conduziu ao Parecer CNE/CP n.º 2/2015 (de 9 de junho de 2015) e a Resolução CNE/CP n.º 2/2015 (de 01 de julho de 2015).

A vigência dessa Resolução, que trazia inovações importantes para a formação inicial de professores para a educação básica, no ensino superior, acabou por ser adiada várias vezes, por demandas de instituições e associações, o que redundou, na esteira de mudanças políticas, em sua revogação em 2019, com o advento de nova Resolução do Conselho Nacional de Educação – Resolução CNE/CP n.º 02/2019.[163]

Toda essa referência é importante para nos situarmos em nossa história e na cultura dominante quanto à escolarização da população brasileira e, associada a ela, à questão da formação de professores para a educação básica. O que observamos é que desde os anos 1960 até a década de 1990 houve no país improvisações para suprir a demanda das escolas por professores.

Consequência da nossa cultura política, gestada nos tempos coloniais e imperiais, desenvolvida nos parcos períodos republicanos e nos muitos anos ditatoriais que vivenciamos durante o século XX (Getúlio Vargas, com o Estado Novo, e a Ditadura Militar, a partir de meados dos anos 1960), com gestões despreocupadas com a educação básica, com políticas mais voltadas para as elites e classes ascendentes, ou com projetos esparsos para a formação técnica mais específica, ainda temos atualmente na população brasileira 27% de analfabetos funcionais, categoria em que as pessoas estão no nível mais rudimentar de alfabetização, segundo o Indicador de Alfabetismo Funcional

---

[162] BRASIL. Ministério da Educação. Conselho Nacional de Educação. *Resolução CNE/CP n.º 01 de 18 de fevereiro de 2002*. Institui Diretrizes Curriculares Nacionais para a formação de professores da educação básica, em nível superior, curso de licenciatura de graduação plena. Brasília (DF), 2002.

[163] BRASIL. Ministério da Educação. Conselho Nacional de Educação. *Resolução n.º CNE/CP, de 20 de dezembro de 2019*. Define as Diretrizes Curriculares Nacionais para a Formação Inicial de Professores para a Educação Básica e institui a Base Nacional Comum para a Formação Inicial de Professores da Educação Básica (BNC-Formação). Brasília, DF, 2019.

(Inaf),[164] e cerca de 18% das crianças e dos adolescentes sem terem concluído o ensino fundamental regular.[165]

Pensando em nossas políticas educacionais, esses dados reportam-nos aos apontamentos do texto de 1932 dos Pioneiros da Educação Nova anteriormente citado. Ainda não conseguimos desenvolver políticas educacionais articuladas de fato, e de impacto, no foco maior das carências populares: a educação básica – infraestrutura, gestão, professores, dinâmicas curriculares. Parece que, apesar dos alardes de renovações, de novas tecnologias etc., tivemos continuidade, na concretude da educação básica e da formação de professores, da prevalência de uma "alma antiga em um mundo novo", como já dito.

5.1 POLÍTICAS E PROGRAMAS: ANO 2001 E SUBSEQUENTES

Tendo em mente a consideração supradita, sinalizarei alguns dos esforços políticos em educação que foram desenvolvidos a partir dos anos 2000 na direção de melhor qualificar a formação de professores no Brasil, lembrando que ainda não demos conta desse desafio.

No âmbito das legislações, a intenção contida na Lei de Diretrizes e Bases da Educação Nacional, Lei n.º 9.394/96, de introduzir nova estrutura formativa para professores da educação básica propondo os Institutos Superiores de Educação, dentro das estruturas das universidades ou fora delas, e a proposta das Escolas Normais Superiores, acabou por não se concretizar. Ainda, as disposições da Resolução CNE/CP n.º 1/2002,[166] tratando pela primeira vez das Diretrizes Curriculares Nacionais para a Formação de Professores, embora com vigência, também não se concretizam plenamente.

Contribuíram para isso as mudanças em políticas governamentais a partir de 2003 e os novos grupos de influência com perspectivas divergentes às exaradas anteriormente, bem como o desinteresse de instituições particulares em função do custo que poderia advir com a aplicação daquelas propostas e as exigências postas para a instalação dos Institutos Superiores de Educação.[167]

---

[164] INAF – AÇÃO EDUCATIVA E INSTITUTO PAULO MONTENEGRO. Indicador de alfabetismo funcional: 2001-2002-2015. *Anuário brasileiro da educação básica – 2017*. São Paulo: Moderna, 2017, p. 86; 2015.
[165] BRASIL. INEP/DEED. *Indicadores de fluxo escolar da Educação Básica*. Brasília (DF): Ministério da Educação, 2017b.
[166] BRASIL. Ministério da Educação. Conselho Nacional de Educação. *Resolução CNE/CP n.º 01 de 18 de fevereiro de 2002*. Institui Diretrizes Curriculares Nacionais para a formação de professores da educação básica, em nível superior, curso de licenciatura de graduação plena. Brasília (DF), 2002.
[167] BRASIL. Ministério da Educação. Conselho Nacional de Educação. *Parecer n.º 115, de 3 de agosto de 1999*. Diretrizes Gerais para os Institutos Superiores de Educação. Brasília (DF), 1999.

Sinteticamente, a Resolução CNE/CP n.º 1/2002 chamava a atenção para as competências necessárias à atuação profissional de professores, como foco das licenciaturas, a coerência entre a formação oferecida e a prática esperada do futuro professor, e a pesquisa, com foco no ensino e na aprendizagem, para compreensão do processo de construção do conhecimento, devendo as aprendizagens serem orientadas pelo princípio da ação-reflexão-ação, tendo a resolução de situações-problema como uma das estratégias didáticas privilegiadas.

As diretrizes também orientavam que "a prática deverá estar presente desde o início do curso e permear toda a formação do professor", em qualquer especialidade (art. 12), enfatizando "a flexibilidade necessária, de modo que cada instituição formadora construa projetos inovadores e próprios, integrando os eixos articuladores nelas mencionados" (art. 14)[168].

Ao entrar em vigência no início dos anos 2000, todas as licenciaturas deveriam ajustar-se a essas diretrizes, mas elas mantiveram em seus currículos a prevalência da histórica ideia de oferecimento de formação com foco quase exclusivo na área disciplinar específica, com reduzido espaço para a formação pedagógica.[169] Essa resolução foi considerada tecnicista por grupos associativos da área educacional, o que levou à sua desconsideração pelos órgãos governamentais como norma orientadora para cursos de formação de professores.

Ponto a destacar, em seguida, pelo enorme volume que hoje atinge em matrículas, é a formação de professores via educação a distância (EaD). Em 2005,[170] normatizou-se a equiparação das formações em EaD aos cursos presenciais e, a partir de então, assistimos à sua veloz expansão na formação de professores. Essa modalidade, se bem construída e realizada, dirigida a grupos e regiões específicas, poderia ter papel importante em país de dimensões como o Brasil, porém a maneira como esses cursos vieram se implantando, com monitoramento precário, por meio de polos pouco equipados, tutoria pouco preparada e estágios realizados em condições precárias, acabaram por gerar formações para o exercício profissional de professor com lacunas relevantes.

---

[168] BRASIL, 2002.
[169] GATTI, Bernardete Angelina. Formação de professores no Brasil: características e problemas. *Educação e Sociedade*, Campinas, v. 31, n. 113, p. 1.355-1.379, 2010.
[170] BRASIL. Governo Federal. *Decreto n.º 5.622, de 19 de dezembro de 2005*. Regulamenta o artigo 80 da Lei n.º 9.394/96. Brasília (DF), 2005.

Também não apresentaram inovações curriculares, adequando-se a características necessárias a uma formação a distância, especialmente no que se refere à formação de profissionais. Os cursos têm reproduzido os currículos presenciais cujos formatos e dinâmicas também estão em questão, embora eles ofereçam aos jovens que procuram licenciaturas a vivência cotidiana com os formadores, em presença concreta, e a possibilidade de experimentarem ambiente acadêmico com potencialidades de ampliação de vida cultural em relações interpessoais, vivências em coletivo cotidiano e participação em investigações científicas da área, experiências importantes para o trato direto, pessoal e posterior com crianças e adolescentes e para seu percurso profissional. Com crianças, na escola, a relação pedagógica é pessoal e presente, com dinâmicas que podem mostrar-se bem complexas.[171]

Em 2014, após amplas discussões pelo país, é aprovado o Plano Nacional de Educação.[172] Em sua Meta 13, Estratégia 13.4, reconhecendo os problemas existentes nos cursos que formam professores, dispõe que será necessário "promover a melhoria da qualidade dos cursos de pedagogia e licenciaturas" [...] "integrando-os às demandas e necessidades das redes de educação básica, de modo a permitir aos graduandos a aquisição das qualificações necessárias a conduzir o processo pedagógico de seus futuros alunos(as)".

Em decorrência das demandas apontadas por esse Plano e em vista das pesquisas e dados existentes,[173] o Conselho Nacional e Educação aprovou a Resolução CNE/CP n.º 2/2015,[174] que redefinia as Diretrizes Curriculares Nacionais para a formação inicial em nível superior, consolidando orientações anteriores, e, também, revogando várias disposições, inclusive a Resolução CNE/CP n.º 1/2002.

Como já foi dito, essa nova Resolução não chegou a entrar integralmente em vigência, mas cabe lembrar que trazia novas perspectivas para a formação para a docência na educação básica com propostas altamente

---

[171] PRETTO, Nelson de Luca; LAPA, Andrea. Educação a distância e precarização do trabalho docente. *Em Aberto*, Brasília, v. 23, n. 84, p.79-97, 2010.
[172] BRASIL. Congresso Nacional. *Lei n.º 13.005 de 25 de junho de 2014*. Aprova o Plano Nacional de Educação – PNE, e dá outras providências. Brasília (DF), 2014.
[173] BRASIL. Ministério da Educação. Conselho Nacional de Educação. *Parecer n.º CNE/CP 2, de 9 de junho de 2015*. Diretrizes Curriculares Nacionais para a Formação Inicial e Continuada dos Profissionais do Magistério da Educação Básica. Brasília, 2015.
[174] BRASIL. Ministério da Educação. Conselho Nacional de Educação. *Resolução n.º CNE/CP 2, de 01 julho de 2015*. Define as Diretrizes Curriculares Nacionais para a formação inicial em nível superior (cursos de licenciatura, cursos de formação pedagógica para graduados e cursos de segunda licenciatura) e para a formação continuada. Brasília, 2015.

relevantes: firmava a ideia de que, para qualificar melhor a formação de professores para a educação básica, as licenciaturas deveriam oferecer formação considerando a diversidade, a ética e a equidade social. Postulava, ainda, que essa formação levasse os licenciandos à ampliação de sua formação cultural, desenvolvendo seu espírito crítico e a consideração dos contextos escolares.

Na intenção de propiciar tempo formativo adequado aos futuros professores da educação básica, dispunha que todos os cursos de licenciatura deveriam dedicar 20% de seu tempo curricular para a formação em Educação, o que rompia com o que vinha se fazendo até então, quase negando essa formação para aqueles que, no entanto, seriam os educadores de nossas crianças e jovens. Propunha que todas as licenciaturas deveriam passar a ser oferecidas com 3.200 horas e sua duração deveria ser de quatro anos, com currículo desenvolvido em oito semestres, atendendo à oferta da base nacional comum curricular para a formação de professores que abarca os Fundamentos da Educação, Didática, Metodologias, Práticas de Ensino, com domínio adequado da língua portuguesa e das tecnologias educacionais, como estava explicitado em seu Capítulo II.

Vale aqui considerar outros aspectos dessa Resolução. Em seu Capítulo I havia preocupação em apontar uma concepção de docência como basilar para construir um projeto de formação de professores. Assim, a docência era ali conceituada como ação educativa e processo pedagógico intencional e metódico, envolvendo conhecimentos específicos, interdisciplinares e pedagógicos, considerando valores éticos, linguísticos, estéticos e políticos do conhecimento inerentes aos processos do ensinar/aprender, em diálogo constante entre diferentes visões de mundo. As instituições de educação básica deveriam ser reconhecidas como espaços necessários à formação dos profissionais do magistério.

Em seus outros capítulos, em síntese, estipulava que os cursos formadores de professores deveriam conduzir os estudantes às dinâmicas pedagógicas que contribuiriam para o exercício profissional e o desenvolvimento do profissional do magistério por meio de uma visão ampla do processo formativo, seus diferentes ritmos e tempos, considerando as dimensões psicossociais, histórico-culturais e relacionais que permeiam a ação pedagógica.

Quanto aos egressos, em seu Capítulo III, a Resolução postulava que deveriam ter adquirido o domínio dos conteúdos específicos e pedagógicos e as abordagens teórico-metodológicas do seu ensino, de forma interdisciplinar e adequada às diferentes fases do desenvolvimento humano, e demonstrar domínio das tecnologias de informação e comunicação para o desenvolvimento da aprendizagem. Também deveriam ter adquirido condições para o exercício do pensamento crítico, a resolução de problemas, o trabalho coletivo e interdisciplinar, e saber utilizar instrumentos de pesquisa adequados para a construção de conhecimentos pedagógicos e científicos, objetivando a reflexão sobre a própria prática e a discussão e disseminação desses conhecimentos.

A Resolução CNE/CP n.º 02/2019, como já assinalado, revogou a Resolução de 2015, propondo uma perspectiva mais estruturada para os cursos formadores de professores, considerando as competências que são especificadas para essa formação, e tomando como referência a Base Nacional Comum Curricular para a Educação Básica.[175] Sua vigência está adiada, e como houve intensa mobilização na comunidade educacional para rejeitar essa Resolução, ela está em vias de ser revogada, mas seu destino oficial, no momento, é incerto. Discussões estão em andamento no Conselho Nacional de Educação.

Não faltaram iniciativas nacionais voltadas à formação inicial de professores nas últimas duas décadas. Em 2009, institui-se a Política Nacional de Formação de Professores pelo Decreto nº 6.755/2009,[176] que propiciou várias ações, como a instalação dos Fóruns Estaduais Permanentes de Apoio à Formação Docente, o estímulo à oferta de licenciaturas por parte da Universidade Aberta do Brasil (UAB), o Programa Pró-Licenciatura, o Plano Nacional de Formação de Professores da Educação Básica (Parfor), o Programa Institucional de Bolsas de Iniciação à Docência (Pibid), entre outros programas.

No entanto, com exceção do Pibid, não há dados claros sobre o impacto desses programas na formação de professores e na educação básica. Se considerarmos as pesquisas e os dados de desempenho das redes educacionais,

---

[175] BRASIL, 2019.
[176] BRASIL. Governo Federal. *Decreto n.º 6.755, de 29 de janeiro de 2009*. Institui a Política Nacional de Formação de Professores do Magistério da Educação Básica, e dá outras providências. Brasília (DF), 2009.

ainda estamos a dever educação básica de qualidade para as novas gerações e formação mais consistente para o exercício da docência na educação básica.[177]

5.2 PROFESSOR: FORMADOR DE GERAÇÕES

Observa-se que ainda persistem dificuldades na organização e na cultura das instituições formadoras de professores quanto aos aspectos curriculares relativos a essa formação. Dúvidas e resistências estão no horizonte dessas instituições: como articular a licenciatura com o bacharelado vai diminuir ou não a formação na área específica, o que vai acontecer com "minha" disciplina, o curso vai ficar muito longo e mais caro etc. As dificuldades em alterar o status quo e as acomodações disciplinares são muitas.

Outra dificuldade está no pouco valor dado ao ensino nas universidades. Valor é dado ao pesquisador e não ao professor, e isso compromete nas lides acadêmicas um trabalho aprofundado, apoiado nas ciências da educação e nos conhecimentos científicos, literários, linguísticos, filosóficos e das artes, bem como das tecnologias, para criar valor para a docência no ensino superior e desenvolver formação consistente e valorosa para os que irão desenvolver o trabalho de ensino nas escolas básicas.

Há um ponto importante que vem sendo discutido: como conceber um curso de formação de professores com identidade própria e não como complemento de um bacharelado. Aparece a questão de que, em função de novas maneiras de construir conhecimentos, essa identidade pede perspectiva interdisciplinar: nas ciências, conhecimentos construídos pela intersecção de várias áreas, conteúdos e suas didáticas, constituindo as ações pedagógicas voltadas às crianças, aos adolescentes e jovens.

A proposta não é formar o bacharel (que poderá continuar a ter sua formação específica), mas formar um professor para atuar na educação básica. Concretizando, o objetivo das licenciaturas não é formar o matemático e, sim, o professor de Matemática; não propriamente o sociólogo, mas o pro-

---

[177] BRASIL. Congresso Nacional. *Lei n.º 13.415, de 16 de fevereiro de 2017*. Altera as Leis n.º 9.394, de 20 de dezembro de 1996, que estabelece as Diretrizes e Bases da Educação Nacional, e N.º 11.494, de 20 de junho 2007, que regulamenta o Fundo de Manutenção e Desenvolvimento da Educação Básica e de Valorização dos Profissionais da Educação, a Consolidação das Leis do Trabalho – CLT, aprovada pelo Decreto-lei n.º 5.452, de 1º de maio de 1943, e o Decreto-lei n.º 236, de 28 de fevereiro de 1967; revoga a Lei n.º 11.161, de 5 de agosto de 2005; e institui a Política de Fomento à Implementação de Escolas de Ensino Médio em Tempo Integral. Brasília (DF), 2017; GATTI, Bernardete Angelina; BARRETTO, Elba Siqueira de Sá; ANDRÉ, Marli Eliza Dalmazo Afonso; ALMEIDA, Patrícia Cristina Albieri: *Professores do Brasil*: novos cenários. Brasília: Organização das Nações Unidas para a Educação, a Ciência e a Cultura, 2019.

fessor de Sociologia; não o físico, mas o professor de Física; não o filósofo, mas o professor de Filosofia; não o pedagogo genérico, mas o professor que saiba atuar na educação infantil e no ensino fundamental (anos iniciais), ser alfabetizador. Nada impede interfaces licenciaturas/bacharelados/cursos tecnológicos, mas cada um tem seu projeto político pedagógico próprio e um perfil de egressos próprio.

Um professor como um formador de gerações futuras? Pouco se discute a fundo a formação de professores como aquele que atuará na formação das novas gerações, ajudando na construção de mentes informadas e criativas, educando em valores, atitudes, formas diferenciadas de ver e interpretar fatos, situações, informações, construir relações interpessoais frutíferas etc.

Atribuir dignidade à formação e ao trabalho dos professores é essencial. Ainda temos dificuldade de valorizar as práticas profissionais próprias ao trabalho docente. Discursamos e discutimos muito o trabalho e o trabalhador, mas desvalorizamos os procedimentos que constituem suas práticas na sociedade, nas escolas, aquilo que distingue um professor de outros profissionais, o que permite dar sentido social particular às suas ações, ao seu trabalho como agente de aprendizagens escolares. Suas práticas nas escolas, onde sua atuação se exerce, são atos sociais da maior relevância, são atos culturais prenhes de valor. Por que desvalorizar e diluir práticas educacionais no vago conceito de tecnicismo? Um aprofundamento reflexivo sobre essa questão está se pondo como necessário. Mudanças conceituais e representacionais sobre práticas em contextos escolares, sobre o agir docente, é questão proposta hoje ao pensamento crítico-reflexivo dos educadores.

Continuamos em nossa esteira cultural, advinda do colonialismo, separando aqueles que pensam e os que fazem, como se o fazer fosse destituído de pensamento. E assim qualificamos/desqualificamos profissões. É comum, ao se perguntar o que faz, por exemplo, a um professor de História, que ele diga: "Sou historiador". E, assim, outros que são de fato professores, cujo ofício é dar aulas, pois estão nas escolas, dizem: sou matemático, sou físico, sou geógrafo.

Ser professor é menor, em suas representações, o que conduz à questão social do valor da profissão docente e da construção de campo identitário da profissão de professor. Não tem valor dizer: "Sou professor". Enquanto essa representação for dominante entre profissionais e nas instituições de ensino superior, pouco valor e consideração dar-se-á também à formação para a docência na educação básica. Isso afeta, ainda, a luta dos professores em suas diferentes reivindicações. Continuaremos a contentar-nos com velhos bordões: "Qualquer um pode ser professor"; "Basta saber a matéria para ser professor"; "Dar aula é fácil"; "Qualquer um pode ir lá e falar". No entanto a realidade escolar cotidiana desmente essas crenças e mentes cultas e científicas precisam superá-las.

A realização concreta da educação escolar está na escola, nas redes educacionais, no trabalho dos professores e outros educadores, que, juntos, devem propiciar que as novas gerações possam criar bem-estar para si e para os outros, por meio da compreensão e da assimilação de conhecimentos básicos fundamentais para a vida e para a sociedade.

Em sociedades complexas e densas demograficamente como a nossa, sem conhecimento isso é praticamente impossível. O conhecimento está presente em tudo: na preservação da vida, na saúde, no meio ambiente, nas relações sociais e de direito e nas responsabilidades mútuas, e é preciso pensar no conhecimento das práticas que favorecem e estimulam as aprendizagens – cognitivas, sociais, emocionais – de modo significativo, associadas à ética e à solidariedade. Bons professores são essencialmente "mestres".

Como George Gusdorf traz à nossa reflexão:

> Ser um mestre é importante porque cada existência firma-se e afirma-se em contato com as existências que a rodeiam, e a relação professor-aluno pode ser algo singular, como uma relação mestre-discípulo, no sentido em que nessa relação pode-se constituir um sentido para a vida, para além dos conhecimentos, com a descoberta de valores essenciais. [...] O papel do mestre é o de dar forma humana aos valores abrindo aos seus alunos a possibilidade de cada um construir-se como um ente cultural, assim construindo uma identidade própria. Professores-mestres é que dão sentido ao trabalho docente.[178]

CONSIDERAÇÕES FINAIS

Profissionais são formados, não "nascem prontos"; assim, também, os professores precisam aprender aspectos de sua profissão e as práticas profissionais básicas para terem condições de realizar mediações que propiciem aprendizagens significativas para seus alunos, criando avanços em práticas pedagógicas e ações didáticas no curso de seu exercício profissional.

---

[178] GUSDORF, George. *Professores para quê?* São Paulo: Martins Fontes, 1987, p. 11.

Isso, associado à capacidade de compreensões críticas sobre as realidades e contextos e a capacidade de analisar sua própria prática visando aquilatar necessidade de mudança, complementação etc. Ninguém cria do nada, diz a sabedoria popular. Então o que futuros professores precisam aprender, o que se tem de aprender, minimamente, para se construir como um professor da educação básica? Essa é uma questão-chave.

Estamos em momento crucial: como (re)pensar o trabalho educativo nas licenciaturas, na emergência de novas sociabilidades, e diante das novas perspectivas enunciadas no social e nas ciências, dando dignidade formativa aos cursos formadores de professores para a educação básica? Algumas questões colocam-se aos formadores de docentes: como elaborar um currículo formativo menos fragmentário, que se mostre integrado tanto horizontalmente quanto verticalmente, conhecido e compartilhado por todos os docentes formadores; como gerar valores nessa formação; como, nas práticas formativas, evidenciar concretamente na ação pedagógica dos próprios docentes formadores de professores, a relação teoria/prática, que traz os desafios da compreensão interdisciplinar; lembrando de Shulman,[179] como ter clareza da diferença entre conhecimento disciplinar e conhecimento para o ensino; como planejar estágios criando laços universidade/escola e desenvolvendo orientações e acompanhamentos mais efetivos; como cuidar de abordagens interdisciplinares em educação e do uso das tecnologias no trabalho didático? Essas questões reportam-se à formação dos formadores de professores.

Concluindo, pondero que, para se conseguir nas instituições a instauração de um novo modo de pensar a formação de professores para a educação básica, definir melhor o valor e o papel dessa formação, há que se assumir que professores são profissionais, portanto têm função social específica, o que demanda formação específica, e essa formação integra conhecimentos e compromissos sociais e éticos. Formar bem profissionais professores é ação política de primeira relevância.

REFERÊNCIAS

AZEVEDO, Fernando et al. *Manifesto dos Pioneiros da Educação Nova (1932) e dos Educadores (1959)*. Recife: Fundação Joaquim Nabuco; Massangana, 2010.

---

[179] SHULMAN, Lee S. *The wisdom of practice*: essays on teaching, learning and learning to teach. The Carnegie Foundation for the Advancement of Teaching, Jossey Bass, San Francisco, CA, USA, 2004.

BRASIL. Ministério da Educação e Cultura. *COES. Centro de Formação e Aperfeiçoamento do Magistério – Cefam*. Brasília (DF), 1983. (mimeo)

BRASIL. Ministério da Educação e Cultura. *SESG. Cefam, uma alternativa pedagógica*. Brasília (DF): Ministério da Educação e Cultura, 1987.

BRASIL. Congresso Nacional. *Lei n.º 9.394, de 20 de dezembro de 1996*. Estabelece as Diretrizes e Bases da Educação Nacional. Brasília (DF), 1996.

BRASIL. Congresso Nacional. *Lei n.º 9.424, de 24 de dezembro de 1996*. Dispõe sobre o Fundo de Manutenção do Ensino Fundamental e de Valorização do Magistério. Brasília (DF), 1996.

BRASIL. Ministério da Educação. Conselho Nacional de Educação. *Parecer n.º 115, de 3 de agosto de 1999*. Diretrizes Gerais para os Institutos Superiores de Educação. Brasília (DF), 1999.

BRASIL. Ministério da Educação. Conselho Nacional de Educação. *Resolução CNE/CP n.º 01 de 18 de fevereiro de 2002*. Institui Diretrizes Curriculares Nacionais para a formação de professores da educação básica, em nível superior, curso de licenciatura de graduação plena. Brasília (DF), 2002.

BRASIL. Governo Federal. *Decreto n.º 5.622, de 19 de dezembro de 2005*. Regulamenta o artigo 80 da Lei n.º 9.394/96. Brasília (DF), 2005.

BRASIL. Congresso Nacional. *Lei n.º 11.494, de 20 de junho de 2007*. Regulamenta o Fundo de Manutenção e Desenvolvimento da Educação Básica e de Valorização dos Profissionais da Educação. Brasília (DF), 2007.

BRASIL. Governo Federal. *Decreto n.º 6.755, de 29 de janeiro de 2009*. Institui a Política Nacional de Formação de Professores do Magistério da Educação Básica, e dá outras providências. Brasília (DF), 2009.

BRASIL. Congresso Nacional. *Lei n.º 12.796, 4 de abril de 2013*. Altera a Lei n.º 9.394, de 20 de dezembro de 1996, que estabelece as diretrizes e bases da educação nacional, para dispor sobre a formação dos profissionais da educação, e dá outras providências. Brasília (DF), 2013.

BRASIL. Congresso Nacional. *Lei n.º 13.005 de 25 de junho de 2014*. Aprova o Plano Nacional de Educação – PNE, e dá outras providências. Brasília (DF), 2014.

BRASIL. Ministério da Educação. Conselho Nacional de Educação. *Parecer n.º CNE/CP 2, de 9 de junho de 2015*. Diretrizes Curriculares Nacionais para a Formação Inicial e Continuada dos Profissionais do Magistério da Educação Básica. Brasília, 2015.

BRASIL. Ministério da Educação. Conselho Nacional de Educação. *Resolução n.º CNE/CP 02, de 01 julho de 2015*. Define as Diretrizes Curriculares Nacionais para a formação inicial em nível superior (cursos de licenciatura, cursos de formação pedagógica para graduados e cursos de segunda licenciatura) e para a formação continuada. Brasília, 2015.

BRASIL. Congresso Nacional. *Lei n.º 13.415, de 16 de fevereiro de 2017*. Altera as Leis n.º 9.394, de 20 de dezembro de 1996, que estabelece as Diretrizes e Bases da Educação Nacional, e N.º 11.494, de 20 de junho 2007, que regulamenta o Fundo de Manutenção e Desenvolvimento da Educação Básica e de Valorização dos Profissionais da Educação, a Consolidação das Leis do Trabalho – CLT, aprovada pelo Decreto-lei n.º 5.452, de 1º de maio de 1943, e o Decreto-lei n.º 236, de 28 de fevereiro de 1967; revoga a Lei n.º 11.161, de 5 de agosto de 2005; e institui a Política de Fomento à Implementação de Escolas de Ensino Médio em Tempo Integral. Brasília (DF), 2017a.

BRASIL. INEP/DEED. *Indicadores de fluxo escolar da Educação Básica*. Brasília (DF): Ministério da Educação, 2017b.

BRASIL. Ministério da Educação. Conselho Nacional de Educação. *Resolução n.º CNE/CP, de 20 de dezembro de 2019*. Define as Diretrizes Curriculares Nacionais para a Formação Inicial de Professores para a Educação Básica e institui a Base Nacional Comum para a Formação Inicial de Professores da Educação Básica (BNC-Formação). Brasília, DF, 2019.

CALDEIRA, Jorge. *História da riqueza no Brasil*: cinco séculos de pessoas, costumes e governos. Rio de Janeiro: Sextante; Estação Brasil, 2017.

CAVALCANTE, Margarida Jardim. *Cefam*: uma alternativa para a formação de professores. São Paulo: Cortez, 1994.

GATTI, Bernardete Angelina. Formação de professores no Brasil: características e problemas. *Educação e Sociedade*, Campinas, v. 31, n. 113, p. 1.355-1.379, 2010.

CAVALCANTE, Margarida Jardim. Políticas educacionais e educação básica: desafios para as políticas e formação docente. In: PACHECO RIOS, Jane Adriana Vasconcelos (org.). *Políticas, práticas e formação na educação básica*. Salvador: Editora da Universidade Federal da Bahia, 2015. p. 25-34.

GATTI, Bernardete Angelina; BARRETTO, Elba Siqueira de Sá; ANDRÉ, Marli Eliza Dalmazo Afonso; ALMEIDA, Patrícia Cristina Albieri: *Professores do Brasil*: novos cenários. Brasília: Organização das Nações Unidas para a Educação, a Ciência e a Cultura, 2019.

GATTI, Bernardete Angelina; SILVA, Rose Neubauer; ESPÓSITO, Yara Lúcia. Alfabetização e educação básica no Brasil. *Cadernos de Pesquisa*, São Paulo, n. 75, p. 7-14, 1990.

GUSDORF, George. *Professores para quê?* São Paulo: Martins Fontes, 1987.

INAF – AÇÃO EDUCATIVA E INSTITUTO PAULO MONTENEGRO. Indicador de alfabetismo funcional: 2001-2002 - 2015. *In*: *Anuário brasileiro da educação básica – 2017*. São Paulo: Moderna, 2017, p. 86.

PRETTO, Nelson de Luca; LAPA, Andrea. Educação a distância e precarização do trabalho docente. *Em Aberto*, Brasília, v. 23, n. 84, p.79-97, 2010.

SÃO PAULO (Estado). *Projeto Cefam*: avaliação do percurso. São Paulo: SEE/SP Coordenadoria de Normas e Estudos Pedagógicos (Cenpec), 1992.

SHULMAN, Lee S. *The wisdom of practice*: essays on teaching, learning and learning to teach. The Carnegie Foundation for the Advancement of Teaching, Jossey Bass, San Francisco, CA, USA, 2004.

SILVA, Rose Neubauer; ESPOSITO, Yara Lúcia; SAMPAIO, Maria das Mercês; QUINTERIO, Jucimara. *Formação de professores no Brasil*. São Paulo: Fundação Carlos Chagas; REDUC (Rede Brasileira de Redução de Danos e Direitos Humanos), 1991.

SILVA, Rose Neubauer *et al*. *Formação de professores no Brasil*: um estudo analítico e bibliográfico. São Paulo: Fundação Carlos Chagas; REDUC (Rede Brasileira de Redução de Danos e Direitos Humanos), 1991.

TANURI, Leonor Maria. História da formação de professores. *Revista Brasileira de Educação*, Rio de Janeiro, v. 85, n. 14, p. 61-88, 2000.

6

INTERROGAÇÕES E PERSPECTIVAS SOBRE FORMAÇÃO DOCENTE

SAMIRA ZAIDAN

INTRODUÇÃO

Tomo como ponto de partida para a discussão sobre a formação docente a educação escolar em todas as etapas da educação básica que, desde a década 1990, vem se modificando no sentido de afirmar-se como um direito de todos em nosso país, nas condições sociais, políticas e materiais aqui existentes.

Numa visão crítica e humanista, afirma-se a formação escolar básica como essencial, que proporcione socialização, aprendizagem dos fundamentos das ciências, aquisição de valores, preparação para a vida adulta e para o mundo do trabalho. Encontramos em Cury (2006) uma síntese sobre o papel da escolarização:

> A reafirmação do valor da instituição escolar se dá não só como lócus de transmissão de conhecimentos e de zelo pela aprendizagem dos estudantes. Ela é uma forma de socialização institucional voltada para a superação do egocentrismo pela aquisição do respeito mútuo e da reciprocidade. O amadurecimento da cidadania só se dá quando a pessoa se vê confrontada por situações nas quais o respeito de seus direitos se põe perante o respeito pelo direito dos outros. Ali também é lugar de expressão de emoções e constituição de conhecimentos, valores e competências, tanto para crianças e adolescentes como para jovens e adultos.[180]

Ainda que o diagnóstico aponte-nos o favorecimento dos nascidos nos estratos sociais mais elevados,[181] percebemos a força de movimentos

---

[180] CURY, Carlos Roberto Jamil. Educação escolar e educação no lar: espaços de uma polêmica. *Educação e Sociedade*, Campinas, v. 27, n. 96, p. 667-688, 2006, p. 685.
[181] BOURDIEU, Pierre; PASSERON, Jean Claude. *A reprodução*. 2. ed. Rio de Janeiro: Francisco Alves, 1982.

sociais que lutam pela ampliação dos direitos de acesso a uma educação básica também para os filhos das camadas menos favorecidas. E ainda que o conceito de educação básica não esteja consensualmente estabelecido, ela é entendida no Brasil como responsabilidade compartilhada entre família e Estado, e pautada em princípios de "liberdade" e "solidariedade" em busca do "pleno desenvolvimento do educando, seu preparo para o exercício da cidadania e sua qualificação para o trabalho".[182]

Mesmo que essa educação não cumpra o que dela se espera para o mundo do trabalho capitalista, em decorrência da complexidade trazida pela revolução tecnológica, é nela que se depositam as esperanças de formação de sujeitos para o próprio trabalho e para a vida.[183] E mesmo que se constatem limites objetivos de seus resultados para a vida das grandes massas no capitalismo, ainda se pode esperar por suas possibilidades formadoras e emancipadoras.

Nas últimas décadas, a educação básica passou a ser submetida a fortes tensões, em decorrência dos processos avaliativos tanto da aprendizagem quanto dos sistemas de ensino, o que a situa entre uma perspectiva educacional humanista, holística e interdisciplinar e uma perspectiva técnica, diretiva e instrumental, visando à preparação para o mercado de trabalho. Nesse sentido, destacam-se duas concepções que se contrapõem: uma tradicional e outra formativa.

> Com relativo risco reducionista ou de simplificação exorbitante, de maneira geral, podemos reduzir as concepções de avaliação a dois grandes grupos – evidentemente referenciadas em duas concepções antagônicas de educação. Estas, por sua vez, referenciam-se nas visões de mundo positivista ou dialéticas, isto é, buscam seus parâmetros em cosmovisões que entendem o universo e as relações que nele se travam como estruturas ou como processos.[184]

Para atender às visões dominantes, nacional e internacionalmente, nos sistemas educativos foram criados subsistemas para avaliações periódicas, entendidos como avaliação em larga escala, acreditando serem eles um meio eficiente de regulação e ampliação das possibilidades formativas.

---

[182] BRASIL. Congresso Nacional. *Lei n.º 9.394, de 20 de dezembro de 1996*. Estabelece as Diretrizes e Bases da Educação Nacional. Brasília (DF), 1996.

[183] SILVA, César Augusto Alves da. Educação e não emancipação: os limites objetivos da educação escolar no capitalismo industrial contemporâneo. *Educação e Sociedade*, Campinas, v. 39, n. 143, p. 439-454, 2018.

[184] ROMÃO, José Eustáquio. *Avaliação dialógica*: desafios e perspectivas. São Paulo: Cortez, 1999, p. 58.

Avalia-se o(a) aluno(a) na sala de aula e em relação às funções que dele(dela) espera-se; avalia-se o(a) docente na eficiência de sua ação, conforme prescrito e esperado; avalia-se aluno(a) e docente diante dos objetivos da educação básica, muitas vezes com a justificativa de busca por ascensão na carreira funcional. Contudo a avaliação sistêmica não garante a melhoria da educação nas escolas,[185] não proporcionando resultados visíveis nos processos de aprendizagem e no desenvolvimento dos educandos.

Em um país tão diverso e desigual, um sistema de avaliação focado na regulação, na padronização e na homogeneização presta um desserviço à educação,[186] muitas vezes escondendo a falta de políticas para os muitos problemas existentes fora da escola e que respeitem as diferenças socioculturais dos públicos escolares. Uma alternativa mais coerente seria investir em sistemas de avaliação coletivos, compartilhados e autorregulados.

A incorporação das tecnologias ao mundo do trabalho e à vida social levou a que, em algum momento de décadas passadas, houvesse questionamentos sobre a eficácia da escola como local privilegiado para a formação de novas gerações. A despeito do reconhecimento do poder dessas tecnologias, a escola não perdeu suas funções, ao contrário. Mesmo que alguns estudos questionem a dimensão formativa da escola e que algumas famílias reivindiquem o ensino em casa (*homeschooling*), é inegável o papel da escola como instituição socializadora.

Quem imaginou que o advento das tecnologias tornaria a escola obsoleta foi levado a perceber que acesso a informações não significa aprendizagem e formação, e que para as grandes massas a escola permanece com o seu relevante papel. Isso ficou evidente, por exemplo, na ocasião do fechamento das escolas em decorrência da pandemia gerada pela Covid 19. Observa-se que essa instituição, mesmo com questionamentos sobre sua função social, fortalece-se ainda mais como tempo-espaço de cuidado, de aprendizagem e de socialização básica de crianças, adolescentes, jovens e adultos no mundo globalizado e tecnológico.

Desse modo, o atual momento histórico tem mostrado que a sociedade valoriza a escola, deseja uma escolarização para as crianças, adolescentes e

---

[185] GONTIJO, Cleyton Hércules. *Os resultados das avaliações em larga escala e as percepções de professoras dos anos iniciais do ensino fundamental têm acerca de sua formação e de suas atitudes em relação a matemática*: possíveis conexões. Universidade de Brasília, 2011. Disponível em: https://www.anpae.org.br/iberoamericano2012/Trabalhos/CleytonHerculesGontijo_res_int_GT2.pdf. Acesso em: 25 out. 2023.

[186] ESTEBAN, Maria Teresa. A negação do direito à diferença no cotidiano escolar. *Avaliação*: Revista da Avaliação da Educação Superior, Campinas, v. 19, n. 2, p. 463-486, 2014.

jovens, ainda que seus objetivos mostrem-se contraditórios. Como a sociedade brasileira é muito diferenciada e desigual, também se mostram desiguais os processos de escolarização e as condições dos educandos. Seus projetos envolvem as escolas públicas e particulares, laicas e religiosas, muitas vezes confrontando visões humanistas e mercadológicas. Afirma-se a educação pública, especialmente porque é nela que se dá a formação básica de massivas camadas sociais, sendo, então, de responsabilidade dos governos em todos os níveis da federação.

Na escola deságuam múltiplas questões e situações próprias das vidas dos estudantes e suas famílias, tanto relativamente à condição material de vida (alimentação, saúde, trabalho infantil, condições precárias de vida) quanto a aspectos da vida social (questões emocionais, da sexualidade, do uso de drogas, da violência doméstica e outras) e as questões impostas pela disseminação de tecnologias, articuladas a interesses diferenciados de aprendizagem.

Na escola pública estão presentes grandes contingentes que vivem na pobreza e, em alguns casos, podemos até mesmo falar em processos de desagregação social. Se antes essas camadas sociais desfavorecidas limitavam-se aos primeiros anos da escola, levados à evasão na sequência, desde o final do século passado são notáveis os esforços para que todos permaneçam nela.

Para nós, formadores, que apostamos na educação como meio de ampliar o conhecimento, promover formação crítica e desenvolvimento social, visando a uma sociedade inclusiva, diversa e democrática, a escola básica desempenha papel central. Apostamos nas suas possibilidades emancipadoras e, assim, destacamos que a universalização da educação básica realizou – e ainda realiza – em nosso país uma função social importante quanto à ampliação de oportunidades, em particular das camadas mais pobres, com aquisição de conhecimentos, promoção de convivência solidária e colaborativa, assim como preparação para a vida adulta de modo pessoal e profissional.

A partir dessas ideias iniciais, vou tratar de alguns aspectos internos vinculados à formação de professores e professoras. Ainda que reconheça sua importância, não vou tratar do amplo conjunto de aspectos externos que, direta ou indiretamente, tem implicações nesse processo de formação. Essa discussão refere-se à formação docente para os anos finais do ensino fundamental e médio, o que significa deixar de fora qualquer referência ao curso de Pedagogia.

Ciente do importante papel social da educação básica, do movimento em torno de sua universalização nas últimas décadas e das mudanças pelas quais têm passado os públicos escolares, torna-se necessário garantir que essa escola acolha a todos neste país de dimensões continentais, diverso e desigual. Essa nova escola convida e impõe aos seus profissionais que assumam o desafio de educar, nessas condições, não o aluno ideal, mas o aluno real, diante das diferenças e das desigualdades que caracterizam mais fortemente os estudantes e suas famílias.

6.1 ESTÃO OS PROFESSORES SENDO PREPARADOS PARA A EDUCAÇÃO BÁSICA UNIVERSALIZADA?

Estudos sobre a formação docente para os anos finais do ensino fundamental e do ensino médio mostram,[187] já há algumas décadas, a predominância nas licenciaturas de uma lógica pouco articulada com a própria profissão docente. Em vez do conhecimento sobre a docência, são mais valorizados os conhecimentos disciplinares específicos (matemática, física, história e outros), muitas vezes ensinados numa perspectiva "acadêmica" e não escolar. No entanto as pesquisas e os estudos que questionam o atual modelo formativo nas últimas décadas não têm levado à sua alteração e é preciso ainda avançar muito.

De modo geral, a formação docente na licenciatura pauta-se pela aprendizagem das áreas de conhecimento e uma genérica e superficial formação geral e pedagógica. Assim, as licenciaturas são nomeadas pelas disciplinas que as compõem (licenciatura em Matemática, em História, em Ciências Biológicas), quando poderiam ter outras denominações, como licenciatura do ensino fundamental ou licenciatura do ensino médio. São modelos que foram criados há muitas décadas, adaptados dos bacharelados, e muito lentamente, ao longo dos últimos anos, é que vêm incorporando elementos

---

[187] GATTI, Bernardete A. Sobre a formação de professores para o 1º e 2º graus. *Em Aberto*, Brasília, n. 34, p. 11-15, 1987; 2010; ARROYO, Miguel Gonzalez. *Imagens quebradas*: trajetórias e tempos de alunos e mestres. Petrópolis: Vozes, 2004; ARROYO, Miguel Gonzalez. Educadores e educandos: seus direitos e o currículo. *In*: BEAUCHAMP, Jeanete; PAGEL, Sandra Denise; NASCIMENTO, Aricélia Ribeiro (org.). *Indagações sobre currículo*. Brasília: Ministério da Educação, 2007. Disponível em: http://portal.mec.gov.br/seb/arquivos/pdf/Ensfund/indag2.pdf. Acesso em: 26 fev. 2019; DINIZ-PEREIRA, Júlio Emílio. A pesquisa dos educadores como estratégia para construção de modelos críticos de formação docente. *In*: DINIZ-PEREIRA, Júlio Emílio; ZEICHNER, Ken (org.). *A pesquisa na formação e no trabalho docente*. Belo Horizonte: Autêntica, 2002; DINIZ-PEREIRA, Júlio Emílio. Da racionalidade técnica à racionalidade crítica: formação docente e transformação social. *Perspectivas em Diálogo*, Naviraí, v. 1, n. 1, p. 34-42, 2014; NOVOA, Antônio. Para uma formação de professores construída dentro da profissão. *Revista de Educción*, Madrid, Gobierno de España, n. 350, 2009, entre muitos outros.

como estudos de metodologias diferenciadas de ensino, aprendizagem para a inclusão, tratamento das diversidades etc.

As diretrizes para as licenciaturas, que advêm do Conselho Nacional de Educação, ampliaram a carga horária de 2.400 horas para 3.200 horas, mas não romperam com esse formato tradicional. Assim, as licenciaturas continuam proporcionando o estudo disciplinar específico numa perspectiva acadêmica e, de modo geral, separado da formação pedagógica, ou até mesmo contraditória com a formação pedagógica, quando pautado numa lógica transmissiva (bancária) e pouco referenciada na prática profissional.

Não bastassem tantas questões a considerar na formação inicial docente, claramente marcada por uma perspectiva bacharelesca,[188] hoje em dia os cursos vivem a indefinição quanto às diretrizes a seguir, em decorrência da contestação generalizada da Resolução CNE n.º 02/2019, que revogou a Resolução CNE n.º 02/2015. Tais resoluções têm se pautado por visões diferenciadas da formação e da educação básica, indicando que o debate social e a política educacional ainda precisam amadurecer.

Outras questões relativas à formação inicial ainda podem ser citadas. Organiza-se disciplinarmente a licenciatura para anos finais do ensino fundamental e do ensino médio, quando a realidade já mostra a importância da interdisciplinaridade e da transdisciplinaridade; como combinar uma formação consistente dos conceitos científicos com uma perspectiva interdisciplinar? Também podemos citar a presença, no ensino disciplinar, de uma lógica transmissiva, quando as pesquisas indicam o caráter formativo de práticas investigativas, de projetos nas escolas e do estudo de temas e questões da vida social.

Nas licenciaturas, a centralidade da relação universidade-escola ainda não adquiriu o peso necessário, pois nem os docentes da educação básica têm para si a tarefa de participação na formação de futuros professore(a)s (o que implicaria em financiamento e tratamento próprio), nem o(a) professor(a) universitário(a) tem definições institucionais que compatibilizem sua atuação diretamente nas escolas. Ainda que o Ministério da Educação tenha patrocinado, nas últimas décadas, inovadores e bem-sucedidos projetos buscando fortalecer essa relação da universidade com as escolas de educação básica, como o Programa Institucional de Bolsas de Iniciação à Docência (Pibid), a Residência Pedagógica, a Imersão Escolar, a montagem de Laboratórios de Ensino, entre outros, esses projetos são pontuais e não configuram programas oferecidos a todos.

---

[188] GATTI, 1987; 2010.

Nesse quadro, em que a realidade da educação básica mostra-se tão complexa, a formação de professores na licenciatura ainda precisa avançar. São importantes as inovações decorrentes da pressão exercida por agências como a Associação Nacional de Pós-Graduação e Pesquisa em Educação (Anped), a Conferência Nacional dos Trabalhadores em Educação (CNTE), a Associação Nacional pela Formação de Profissionais da Educação (Anfope), mas muito ainda precisa avançar no coração da docência, que é, principalmente, o estudo do conhecimento científico profissional. É preciso ampliar a articulação entre profissionais da educação básica e superior, focar na pesquisa que tenha os desafios da escola como fontes vivas de conhecimento, e que se articule todo o ensino a uma perspectiva de formação profissional.

Com essas considerações e interrogando a formação docente, aponto algumas ideias que visam avançar sobre o projeto pedagógico das licenciaturas atualmente em vigor, e apresento elementos para um percurso formativo que seja realmente voltado para a formação do(a) professor(a) para a educação básica, visando a uma formação profissional docente considerando o contexto social diverso e diferenciado, a universalização da escolarização, a inserção de tecnologias na vida social e, ainda, a necessidade da formação geral dos sujeitos pautada nos princípios da democracia e da inclusão.

Assim, destaco cinco elementos essenciais para os processos formativos na licenciatura: o foco no educando; o investimento em relações discência-docência dialógicas e democráticas; o ensino de conhecimentos e saberes comprometidos com a prática profissional – um conhecimento próprio da docência; o desenvolvimento de uma perspectiva transdisciplinar e, também essencial, a redefinição do "lugar" onde a formação deve ocorrer.

6.2 O FOCO NO EDUCANDO

Os avanços das práticas e das pesquisas na educação nas últimas décadas têm ensinado sobre a importância de que o foco da formação docente seja o(a) educando, o(a) discente, o(a) aluno(a), que são as crianças, os adolescentes, os jovens e os adultos na escola básica. Essa ideia-chave contrapõe-se à ideia dominante nos projetos atuais, pois quando formamos professore(a)s de Matemática, História, Artes, Língua Portuguesa e outras línguas, Geografia, Biologia, Química, Física, Sociologia e Filosofia, o foco da formação são os conhecimentos disciplinares, muitas vezes numa abordagem formal e acadêmica.

A formação docente com foco disciplinar tem como marca histórica a visão de educação bancária,[189] pois fica situado para o(a) futuro(a) professor(a) que o conhecimento seja apreendido para ser transmitido, típica visão de um modelo na perspectiva da "racionalidade técnica".[190] Essa perspectiva deixa de considerar um conjunto de especificidades que a pesquisa educacional sobre a prática docente hoje já destaca, pois ela envolve conteúdos, relações, saberes, sentimentos etc.

O que significa ter como foco da formação docente o(a) aluno(a)? Considerar o foco no educando para a formação inicial faz pensar em formar professore(a)s que sejam capazes de, tendo como referência um plano curricular geral, receber o licenciando e conhecê-lo, suas possibilidades e dificuldades, proporcionando ensino que se adeque e eleve sua condição de aprendizagem. O currículo proposto precisa ser construído com mediações, sendo que as condições com que o estudante chega à universidade precisam ser consideradas.

É essencial pensar em instrumentalizar o(a) futuro(a) professor(a) para também conhecer o(a) aluno(a) em sua idade de formação, em suas condições social, econômica e cultural, em seus interesses, possibilidades e dificuldades; ter maneiras de conhecer o que sabem e o que não sabem, assim como o que querem saber e o que precisam saber, tendo em vista os objetivos da educação como um todo e da modalidade de ensino considerado.

O(a) professor(a) necessita "olhar" o educando, perceber suas trajetórias coletivas e individuais, trazer as questões do momento social e de suas vidas para a formação, procurando dar o sentido histórico que a existência humana tem, articulando a construção de seu lugar no mundo, sua construção enquanto sujeito social e enquanto coletivo. Também precisa trazer as interrogações dos educandos para os estudos a serem propostos e levar as interrogações da sociedade e das ciências para seu conhecimento e debate, desenvolvendo capacidades de se compreender e compreender a sociedade em que vivemos. A formação inicial deve preparar o(a) futuro(a) professor(a) a conhecer o(a) seu/sua aluno(a) e saber planejar-se, considerando o plano curricular e as condições de ação em que se encontra.

---

[189] FREIRE, Paulo. Formação de professores no Brasil: características e problemas. *Educação e Sociedade*, Campinas, v. 31, n. 113, p. 1.355-1.379, 2010.
[190] DINIZ-PEREIRA, 2014.

Miguel Arroyo argumenta que a escola deve reconhecer o(a) seu/sua aluno(a) e é importante considerar que essas são ideias que poderiam muito bem ser levadas em conta na licenciatura:

> Chegam com identidades de classe, raça, etnia, gênero, território, campo, cidade, periferia... e sobre essas imagens construímos as imagens de alunos, definimos funções para cada escola e priorizamos ou secundarizamos conhecimentos, habilidades e competências. Se a escola e especificamente o ordenamento curricular são constituintes de protótipos de alunos, as imagens sociais que projetamos sobre eles nos chegam de fora, dadas pela cultura social, pela divisão de classes, pelas hierarquias sócio-étnico-raciais, de gênero e território, pela visão negativa que a sociedade tem das pessoas com "deficiências". O ordenamento curricular não é neutro, é condicionado por essa pluralidade de imagens sociais que nos chegam de fora. Imagens sociais de crianças, adolescentes, jovens ou adultos nas hierarquias sociais, raciais ou de gênero, no campo e na cidade ou nas ruas e morros. Essas imagens sociais são a matéria prima com que configuramos as imagens e protótipos de alunos.[191]

Na visão que aqui apresento não se desconhece o conhecimento escolar nem se desconsidera o currículo da escola básica, pois numa perspectiva crítica de escolarização para todos certamente há um conjunto de conhecimentos e saberes que devem ser ensinados, especificamente relacionados aos fundamentos das ciências, dos valores e das capacidades que constituem a cidadania nos dias de hoje. Perceber a importância de uma ação docente que foque o estudante significa buscar relações entre conhecimentos e culturas, de modo a proporcionar um desenvolvimento consciente dos sujeitos.

De nada adianta, em muitas situações de ensino, levar um conhecimento pronto, cumprir conteúdos previstos dando aulas e impondo um ritmo que não dialogue com os estudantes. Por mais importantes que sejam esses conteúdos, muitas vezes não resultam em aprendizagens. Tal situação exige que se busquem alternativas, e há muitas em construção nas práticas cotidianas, mas elas passam por um diálogo com o(a)s alunos(a), tentando trazer seus projetos de vida para a sala de aula, flexibilizando procedimentos, diversificando metodologias, com criatividade e articulando ali o ensino possível e desejável.

---

[191] ARROYO, 2007, p. 23.

Logo, na formação inicial, aprender a centralidade do discente nos processos formativos favorece as aprendizagens do(a)s professore(a)s como estudantes em formação ao mesmo tempo em que os prepara para essa mesma prática na escola; aprender sobre: quem são os meus alunos e alunas? Essa é uma pergunta essencial a ser feita em cada momento pelo profissional que planeja e coordena as práticas formativas escolares, preferencialmente coletivas, e a formação docente precisa ensinar isso.

6.3 DOCÊNCIA-DISCÊNCIA – O INVESTIMENTO EM RELAÇÕES DIALÓGICAS E DEMOCRÁTICAS

As relações que se estabelecem durante a formação docente são essenciais e estão presentes na escolarização em todos os níveis como: relações aluno-aluno, professor-aluno, professor-aluno-conhecimento-saberes--valores-emoções.[192] Em estudos de Teixeira (2007) é possível encontrar entendimentos da sala de aula como um espaço fundamental de convivência dos estudantes entre si, uma relação entre sujeitos socioculturais, imersos em distintos universos de historicidade e cultura, implicados em enredos individuais e coletivos; desejosos uns dos outros, em meio a dinâmicas e interações, aos entendimentos e desentendimentos próprios das interações grupais. A autora também nos fala que a docência instala-se na relação com os discentes, como uma relação fundante, definidora de qualquer processo formativo e de qualquer docência, ou seja, a docência constitui-se na relação docente x discentes. Nesse sentido,

> [...] a aula e a sala de aula, terrenos da docência, constituem--se, prioritariamente, na sociabilidade que se instala nestes tempos e espaços. A aula é sempre uma interação enredada de conteúdos, rituais, estratégias e práticas didático-pedagógicas que vão desenhando as interações, possibilidades e efetividade do exercício da docência.[193]

Relações dialógicas são a base para a formação democrática, no entendimento de que a condição de sujeito social, de cidadão, é formada também na escola. Outro ponto merece atenção: estariam o(a)s aluno(a)s cientes do que pretende ensinar o(a) professor(a)? Compartilhar com os estudantes o

---

[192] CALDEIRA, Ana Maria S.; ZAIDAN, Samira. Sobre o conceito de prática pedagógica. *In*: PRODOC. *20 anos de pesquisa sobre a profissão, a condição e a formação docente*. Belo Horizonte: Autêntica, 2017. E-book.
[193] TEIXEIRA, Inês Assunção Castro. Da condição docente: primeiras aproximações teóricas. *Educação e Sociedade*, Campinas, v. 28, n. 99, 2007, p. 436.

planejamento para cada aula, de seu projeto de ensino, especialmente de sua proposta de avaliação, constituem-se em elementos simples e essenciais que o(a) professor(a) deve propor para o respeito e a implicação de todos os participantes nas atividades didáticas. Construir cotidianamente relações de trabalho em grupo, de colaboração uns com os outros, de conversações diante de conflitos, de não preconceito diante de toda e qualquer diferença, de aceitar caminhos diferenciados na resolução de problemas de todas as áreas do conhecimento, são preocupações que se mostram como parte das relações que a escola deve construir entre todos os seus participantes.

Muito se fala ultimamente de estudantes desinteressados, envoltos no mundo do trabalho ou da busca pelo trabalho, responsáveis pelos cuidados da família, que passaram por traumas, voltados para o celular e outras mídias etc. Em suma, a vida social coloca muitas dificuldades para crianças, adolescentes e jovens, e elas deságuam na escola. A escola precisa construir-se também como projeto de vida para os educandos e as relações de diálogo e compartilhamento mostram-se prósperas nesse sentido, isto é, construir com os estudantes.

Nesse entendimento, o ensino de conteúdos essenciais das ciências, que se articulam à aquisição das múltiplas formas de linguagem (leitura, escrita, literatura, artes, corporeidade, informática), deve ser tratado em contextos de diálogo, de combinados, de construção de regras cooperativas e colaborativas. Tal perspectiva valoriza o papel diretivo que tem o(a) professor(a), valoriza os conteúdos a serem ensinados com metodologias participativas, tais como o trabalho em grupos e duplas, o uso de tecnologias digitais compartilhadas e de recursos didáticos diversificados, como materiais pedagógicos físicos e virtuais, o recurso a vídeos, filmes, jogos, visitas e excursões; enfim, a riqueza que está disponível como possibilidade metodológica apoia e viabiliza interações e aprendizagens significativas na sala de aula.

Reconhecer e agir com respeito diante das diferenças é uma ação cotidiana na escola, de todos os seus profissionais, de modo que o(a) futuro(a) professor(a), de qualquer etapa de ensino e focado em qualquer área científica, deve ter claro e estar preparado para isso. Aos alunos e alunas deve ser proposta uma reflexão diante de qualquer atitude discriminatória, de modo que convivam na aceitação do outro, oferecendo informações para sua reflexão juntamente a seus familiares, no contexto do respeito e dos direitos humanos.

6.4 ENSINAR CONHECIMENTOS/SABERES VINCULADOS À PRÁTICA PROFISSIONAL – O CONHECIMENTO PRÓPRIO DA DOCÊNCIA

Os conceitos científicos básicos, também denominados de conhecimentos específicos da licenciatura ou conhecimentos próprios da docência,[194] devem constituir o programa de formação da docência, envolvendo os campos disciplinares, de modo que o(a) futuro(a) professor(a) poderá optar por uma formação disciplinar, por área ou multidisciplinar. Neles estão as informações e as estruturas da vida biológica, a evolução das espécies, os sistemas de funcionamento do corpo humano, as vidas vegetal e animal; as informações e os entendimentos dos sistemas planetários, as condições de vida no planeta, assim como as organizações macro e micro dos espaços e dos humanos neles; a compreensão da humanidade, sua história, memória, linguagens, literatura e artes; conceitos e relações numéricas, geométricas, algébricas; as leis que regem as relações sociais, a transcendência e as buscas da humanidade. Enfim, os conceitos científicos fundamentais que envolvem todas as áreas de conhecimento constituindo-se em suas bases, que são também bases de compreensão da vida, da história da civilização, das idades de formação de crianças, adolescentes, jovens e adultos. Propõe-se, então, levar esses estudos aos estudantes, despertar neles a curiosidade e a capacidade de entendê-los e articulá-los com sua vida pessoal e também social.

O estudo dos conceitos disciplinares na formação inicial de professore(a)s, a licenciatura, precisa ter como referência o currículo da escola básica e os seus objetivos para ir além, proporcionando sólido conhecimento aos profissionais. Contudo não se separa o estudo de conhecimentos de uma metodologia de ensino, ou seja, a lógica didática de ensino de conhecimentos específicos diz tanto quanto o estudo de conteúdos científicos propriamente.

O estudo do conhecimento disciplinar próprio da docência deve reconhecer a articulação conhecimento-metodologia de ensino desde o início da formação docente, pois quem aprende para ensinar precisa ter consciência da inseparabilidade dessa relação. Quem vai ensinar precisa saber apresentar adequadamente sua proposta de ensino, situar o novo conhecimento no contexto formativo em que se insere, saber explicar, mediar, responder

---

[194] ZAIDAN, Samira et al. Um currículo para a licenciatura em matemática do ponto de vista da educação matemática - a necessária renovação da formação de professores de Matemática, tendo em vista a profissão docente na educação básica. Relatório de Pesquisa, Grupo de Trabalho Formação de Professores que Ensinam Matemática, SBEM-Sociedade Brasileira de Educação Matemática, Brasília, 2023.

dúvidas, abordar e tratar dificuldades de aprendizagens, ao mesmo tempo em que toda uma relação docente-discente se desenvolve. Logo, a prática docente tem especificidades que são diferentes daquelas do pesquisador da ciência pura. Aprender o conhecimento específico para ensinar exige que se observe tais especificidades.

A construção teórica que merece destaque nas pesquisas educacionais recentes está no entendimento das especificidades do estudo dos conhecimentos específicos na licenciatura (Ciências, Matemática, História, Alfabetização e outros). Tomando a licenciatura em Matemática como exemplo, a definição do "conhecimento escolar"[195] como o conhecimento que se desenvolve nos processos formativos visando à docência, mostra-se como um diferencial. Trata-se de novos "campos de conhecimentos", novas áreas de pesquisas, como a "educação matemática", a "educação científica", o "letramento", porque referenciados nos conceitos essenciais das ciências colocam-se como conhecimentos profissionais.

O "conhecimento escolar" ou o conhecimento próprio da docência tem que se mostrar flexível, relacionável, adaptável, construído a partir dos fundamentos das ciências e numa perspectiva de ensino e formação, voltado para as educações básica e superior, com abordagens específicas e inseridos em formas de avaliação da aprendizagem que sejam processuais. O(a) licenciando(a) deve aprender os conceitos das ciências visando ensiná-los, e é isso que dá a eles um caráter diferenciado. Do ponto de vista da discussão de modelos formativos, os estudos sobre o conhecimento escolar podem ser considerados superimportantes, pois dão base teórica para questionamento dos modelos técnicos e construção de outros projetos na linha da racionalidade crítica.[196]

A grande diferença na escola básica entre os dois tipos de conhecimentos (o conhecimento científico-formal-universal e o conhecimento próprio da docência) pode ser situada na flexibilidade, pois a sua construção dá-se em processos formativos ao longo dos anos de escolarização, da criança para o adulto, atingindo uma organização formal plena no âmbito da graduação e pós-graduação.

É bom esclarecer que o reconhecimento da importância de buscar o conhecimento próprio da docência como fonte principal de estudos na

---

[195] MOREIRA, Plínio C.; DAVID, Maria Manoela Soares. *O conhecimento matemático do professor*: licenciatura e prática docente escolar. Belo Horizonte: Autêntica, 2005.
[196] DINIZ-PEREIRA, 2014.

licenciatura refere-se a duas observações essenciais: a primeira, é que o estudo disciplinar na licenciatura, em geral, baseia-se numa lógica expositiva, transmissiva, de modo que devemos reconhecer a existência de uma perspectiva educativa e didática em seu ensino. Tomando de novo o caso das ciências, vamos conferir que o estudo da matemática, da física e da química dá-se em aulas expositivas, princípios e teoremas que todos devem decorar; trata-se, assim, de uma visão de conhecimento único, universal, que precisa ser assimilado e, por decorrência, transmitido na educação básica. Os vínculos que se possa fazer com os estudos dos conceitos científicos com o ensino na escola básica são esperados que sejam feitos pelos licenciando(a), futuros professores, o que não ocorre, o que leva ao fato de que, quando estão efetivamente na prática docente, tenham que criar formas de ensino, seguir livros didáticos, ou seja, construírem-se efetivamente como professores.

A segunda observação a ser feita nessa visão, em defesa do foco das licenciaturas em um conhecimento próprio da docência, diz respeito à preocupação de que não seja aqui entendido tratar-se de um estudo mais simples e superficial. É importante que o(a) professor(a) tenha sólida formação científica, no entanto ele/ela precisará desenvolver relações e reconstruções próprias do processo de ensinar, necessitando, então, aprender isso na formação inicial como conhecimento profissional.

A formação deve contemplar o contato e a aprendizagem dos conhecimentos científicos disciplinares com organização e flexibilidade para serem articulados em situações de ensino, relacionados a outras áreas e a questões da vida social, desdobrados em sua organização para tornarem-se acessíveis e, principalmente, mostrados como construções história e social capazes de proporcionar aos educandos compreenderem-se no mundo. Esse é também um conhecimento científico, só que situado no campo da Educação.

Ocupar-se na licenciatura de um conhecimento próprio da docência não significa negar os conceitos essenciais da ciência, próprios do conhecimento científico universal, mas dar a eles um tratamento específico, procurando incorporar, no ato de ensinar, sua construção histórica, situar metodologicamente no contexto formativo em que ocorre, buscar o entendimento dos estudantes e procurar fazer aplicações identificadas pelo conjunto em ação. Trata-se de uma construção diferenciada, um conhecimento científico próprio da docência que toma como referências conceitos fundamentais das ciências e incorpora um conjunto de conhecimentos que são da prática profissional.

Assim, apoiados nos estudos da Educação Matemática, define-se o "conhecimento matemático próprio da docência", entendido como conhecimentos requeridos pela prática profissional, que

> [...] implicam tanto compreender profundamente como e porque as noções matemáticas surgem historicamente, quanto promover/desenvolver, dentre outras coisas, uma forma própria de entender os erros e as dificuldades dos(as) estudantes, de considerar o papel das demonstrações e da formalização no ensino da Matemática e, em especial, modos de estruturar a apresentação de noções matemáticas adequados à sala de aula da Educação Básica, selecionando exemplos e meios para tal, amparado em uma compreensão profunda da articulação de tais noções com o currículo desta disciplina, assim como dos(as) estudantes e da escola.[197]

6.5 DESENVOLVER UMA PERSPECTIVA TRANSDISCIPLINAR

A transdisciplinaridade é uma perspectiva da vida social e apontada por inúmeras pesquisas como essencial, e que só recentemente aparece como preocupação na formação docente. Com ela espera-se equacionar a fragmentação provocada pelas disciplinas diante de questões que exigem o pensamento complexo, questões que não podem ser explicadas ou situações a serem resolvidas com os conhecimentos de uma disciplina. São temas, problemas, questões ou fatos que não podem ser estudados e/ou explicados somente por uma área de conhecimento, pois nascem da vida social e para ela se voltam.

A organização em disciplinas foi e tem sido muito importante para o entendimento de conceitos científicos e dos conhecimentos produzidos ao longo de séculos, porém é preciso dar um salto e romper a fragmentação criada para entender e explicar fenômenos.

Uma análise crítica baseia-se na realidade como "totalidade concreta",[198] que significa a realidade como um todo dialético, em que múltiplos elementos agem e interagem. Ao longo da história, de situações e fatos, para serem vistos relacionalmente, constituindo-se em bases das ciências, foram destacados e estudados, mas precisam mostrar-se como parte da realidade como totalidade, ainda que, muitas vezes, não se possa percebê-la.

---

[197] ZAIDAN et al., 2023, p. 145.
[198] KOSIK, Karel. *Dialética do concreto*. São Paulo: Paz e Terra, 1976.

A transdisciplinaridade não nega o conhecimento disciplinar, ao contrário, valoriza-o em seus conceitos essenciais, mas volta-se para a abordagem de temas, problemas, questões ou fatos como estudos que exigem articulações de múltiplos conhecimentos e conceitos.

Assim, o estudo de temas, problemas ou questões, na busca de entendimentos, aprofundamentos e questionamentos, pode ser caracterizado como atividade didática transdisciplinar, seja na educação básica, seja na formação docente inicial e continuada.

A perspectiva de ensino na visão da transdisciplinaridade aponta para metodologias investigativas, ou seja, o ensino de temas, problemas, questões ou fenômenos não é desenvolvido com apresentação de um conteúdo específico disciplinar de modo a transmiti-lo; ele é desenvolvido com base em interrogações e exploração de conhecimentos já existentes e em busca de novos conhecimentos.

As interrogações em processos formativos podem ser relativas a temas, questões e problemas, em situações curiosas e desafiadoras que se apresentem, de forma que seu estudo mereça um tratamento de busca – a investigação – e que, para tal, utilize-se de conceitos e conteúdos estruturados em disciplina em relação a saberes do cotidiano ou populares. A perspectiva transdisciplinar no ensino e na formação volta-se para os sujeitos envolvidos em contextos, de modo que está sempre considerando seus interesses, suas dificuldades e possibilidades, visando a compreensões e elaborações.

Uma vez diante de um tema, problema ou questão, há a necessidade de desdobramentos metodológicos, que podem ser situados como "investigação compartilhada" ou "discussões-debates" como caminhos no âmbito da transdisciplinaridade.

A ideia da "investigação compartilhada" no ensino e na formação trata-se de metodologia que se desenvolve como uma ação coordenada por docente e dirigida a um grupo de educandos, em qualquer nível de ensino, em que se coloca nitidamente como proposta de estudo (investigativo) de um tema ou problema ou questão. Desdobrando-se, vem:

1) A escolha (se preciso, a eleição) de um tema ou problema ou questão, sendo explorado em suas possibilidades, nos conhecimentos e nos entendimentos já existentes, confluindo para uma definição e um registro da escolha feita pelo coletivo, considerando-se essa fase como exploração e definição do foco da investigação.

Passa-se, então:

2) À organização da investigação que, também de modo compartilhado, é apresentada na forma de perguntas, percursos, atividades, buscas ou outra forma de pesquisa (investigação), que será, então, distribuída e organizada entre os participantes, de modo que cada um tenha suas tarefas e traga suas contribuições dentro do combinado. Essa fase pode ser curta ou longa, depende do problema, das condições e da equipe em sua totalidade. Os registros continuam sendo essenciais, podem ser múltiplos, mas vale destacar que devem ser organizados e comunicados. A organização e a comunicação dos resultados do grupo para o próprio grupo são essenciais, e devem ser também pensadas nesse momento, e todo processo deve confluir para isso. Ainda nessa fase, é preciso definir "como" será feita a investigação, e definidos os recursos e os procedimentos necessários.

Na sequência:

3) Busca-se o compartilhamento de resultados, análises e sistematizações. O resultado será coletivamente comunicado ao próprio grupo ou a quem destinar-se, podendo-se utilizar formatos diversos (como murais, tabelas, gráficos, filmes, fotos, esquetes, relatório etc.). A avaliação do processo também deve ser combinada desde o início, podendo voltar-se para aspectos relativos à dedicação, à participação e ao compromisso, como também a aspectos de registros, aprendizagens e produtos esperados.[199]

Um tema ou problema ou questão pode ser estudado também na metodologia do formato "discussões-debates", realizando-se de modo também compartilhado, em caráter exploratório com o que o grupo já sabe ou em caráter de estudo, com base em fontes detectadas e situadas conjuntamente ou indicadas pelo(a) professor(a) (diálogos, palestras, conferências e outras). Os diálogos e debates podem ter como dinamizadores um palestrante, um texto, uma excursão, uma visita, uma vivência etc., devendo situar-se em um momento de definição, de desdobramentos e de desenvolvimento combinado, síntese e fechamento, devendo contar também com a avaliação compartilhada.

---

[199] LEITE, Lucia Helena Alvarez. Pedagogia de projetos: intervenção no presente. Presença Pedagógica, Belo Horizonte, v. 2, n. 8, p. 24-33, 1996.

6.6 REDEFINIR O "LUGAR" ONDE A FORMAÇÃO DEVE OCORRER

O local da formação docente é o último elemento da discussão aqui em pauta, uma questão que precisa ser pensada diante de que foi situado: se a formação requer uma perspectiva prática, profissional, escolar, dialógica, conteudista e transdisciplinar, como podem os institutos e as faculdades disciplinares, constituídos com base em bacharelados, serem capazes de desenvolvê-la para o que a educação básica pública hoje requer? Como se pode desenvolver a formação de profissionais para uma educação assim compreendida sem estar vinculada diretamente à pesquisa sobre o ensino, à própria formação, à escola básica como o seu espaço de atuação, enfim, à educação?

Pesquisas como as de Bernardete Gatti, Marli André, Antonio Nóvoa, Júlio Emílio Diniz-Pereira, Kenneth Zeichner, Plínio Cavalcanti, Deborah Ball, entre outros, indicam a premência de se repensar a formação inicial docente, especificamente no que diz respeito ao rompimento com uma perspectiva de bacharelado que faz pouca ou nenhuma vinculação com à profissão propriamente.

Na visão aqui apontada, alguns caminhos indicam a necessidade de se repensar o lugar da formação de professore(a)s e suas condições, que dependem de iniciativas políticas para se redefinirem: 1) importante que seja em universidade ou em instituição que garanta a ação concomitante de pesquisa; aqui falo da pesquisa acadêmica vinculada à formação e ao ensino na escola básica e superior; 2) é central haver intrínseca relação universidade-escola básica, que a licenciatura tenha um projeto próprio e assumido institucionalmente juntamente a professores da escola básica, pois o enriquecimento da formação profissional está na relação teoria e prática, com vínculos na escola e seu cotidiano, uma formação com compromisso profissional; além disso, o(a) professor(a) continua sua formação quando está na prática, analisando-a, estudando-a e construindo respostas a desafios que enfrenta, construindo conhecimentos; 3) destacar a articulação formação inicial e formação em serviço, pois quem forma o formador forma-se e, uma vez formado e na prática, continua se formando.

É preciso, pois, repensar o lugar de formação que seja capaz de articular esses objetivos, que vincule formação e pesquisa, universidade-escola básica, laboratórios de ensino e todo um conjunto de espaços e organização que reúna as licenciaturas na identidade de formação docente, de formação profissional. São os institutos ou departamentos disciplinares lugares próprios para essa formação?

O local da formação docente precisa ser visto como centros próprios para isso, sejam eles vinculados a faculdades de Educação ou departamentos de Educação, um espaço de interação entre ensino-pesquisa-extensão vinculados à própria formação, um local multidisciplinar, com profissionais comprometidos com a perspectiva formativa profissional, que compreendam sua função extremamente vinculada à vida profissional e que estejam engajados em pesquisa envolvendo ensino-educação.

CONCLUSÃO

Os desafios são muitos, como já se sabe, quando se trata de educação. Todos os estudos e pesquisas nas últimas décadas têm enfatizado que é necessário compreender a docência como uma atividade social complexa, especialmente nos processos mais recentes de universalização da educação básica. Isso porque o(a) professor(a) tem que dominar conteúdos e as formas de ensinar adequadamente em cada etapa de ensino a que se destina; compreender os educandos como sujeitos socioculturais, com eles dialogando e construindo redes, regras e possibilidades; participar das decisões da escola, desta com a comunidade, e da elaboração de seus projetos de futuro; compreender que cada ação localizada de ensino articula-se a uma visão geral de formação e de sujeito que se forma em uma sociedade tecnológica.

Se são os profissionais da educação os seus dirigentes no âmbito da educação pública, claro que recaem sobre eles enormes responsabilidades, especialmente os docentes. Dentro de condições de trabalho pouco valorizadas, porque mal remunerado, e por desenvolver-se geralmente em condições adversas, a ação docente reveste-se de múltiplas dificuldades e as políticas públicas ainda estão devendo respostas.

Diniz-Pereira (2014) afirma ser a formação de professore(a)s, como campo de pesquisa, uma área recente, e destaca uma agenda de temas e problemas que precisam ser estudados, entre eles entender melhor o que significa "aprender a ensinar" e como repensar as políticas de formação docente. Bernardete Gatti (2010) pesquisa a formação e há tempos conclui ser necessária

[...] uma verdadeira revolução nas estruturas institucionais formativas e nos currículos da formação. As emendas já são muitas. A fragmentação formativa é clara. É preciso integrar essa formação em currículos articulados e voltados a esse objetivo precípuo. A formação de professores não pode ser pensada a partir das ciências e seus diversos campos disciplinares, como adendo destas áreas, mas a partir da função social própria à escolarização – ensinar às novas gerações o conhecimento acumulado e consolidar valores e práticas coerentes com a vida civil.[200]

Nessa lógica de análise, vamos compreender a formação inicial de professore(a)s completamente vinculada à prática profissional e à formação em serviço. O movimento nacional docente (desde o Congresso Nacional de Educação, 2010) tem demonstrado clareza da importância de que o trabalho docente contemple a formação permanente em serviço na mesma linha. Para isso é preciso que os docentes tenham jornada de trabalho adequada, que permita a ação e a reflexão sobre a ação, o estudo e o reestudo dos conceitos fundamentais das ciências e as múltiplas possibilidades de ensino.

A legislação precisa representar uma compreensão de que o docente é um sujeito sociocultural, que sua ação exige estudo e análise permanentes, que só poderá agir no sentido de ampliar em seus alunos e alunas a consciência de si no mundo e o universo cultural que nos contempla se estiver em processos coletivos de acesso, em condições físicas e materiais de trabalho.

Em síntese, a formação docente necessita ancorar-se em estudos que indiquem aos profissionais da educação os múltiplos aspectos entre os quais tentamos aqui situar. Tal projeto global de formação requer equipes multidisciplinares e profunda articulação ensino-pesquisa-extensão, envolvendo universidade e escola básica em espaços institucionais próprios.

REFERÊNCIAS

ARROYO, Miguel Gonzalez. *Imagens quebradas*: trajetórias e tempos de alunos e mestres. Petrópolis: Vozes, 2004.

ARROYO, Miguel Gonzalez. Educadores e educandos: seus direitos e o currículo. *In*: BEAUCHAMP, Jeanete; PAGEL, Sandra Denise; NASCIMENTO, Aricélia Ribeiro (org.). *Indagações sobre currículo*. Brasília: Ministério da Educação, 2007.

---

[200] GATTI, 2010, p. 1.375.

Disponível em: http://portal.mec.gov.br/seb/arquivos/pdf/Ensfund/indag2.pdf. Acesso em: 26 fev. 2019.

BOURDIEU, Pierre; PASSERON, Jean Claude. *A reprodução*. 2. ed. Rio de Janeiro: Francisco Alves, 1982.

BRASIL. Congresso Nacional. *Lei n.º 9.394, de 20 de dezembro de 1996*. Estabelece as Diretrizes e Bases da Educação Nacional. Brasília (DF), 1996.

CALDEIRA, Ana Maria S.; ZAIDAN, Samira. Sobre o conceito de prática pedagógica. *In*: PRODOC. *20 anos de pesquisa sobre a profissão, a condição e a formação docente*. Belo Horizonte: Autêntica, 2017. E-book.

CURY, Carlos Roberto Jamil. Educação escolar e educação no lar: espaços de uma polêmica. *Educação e Sociedade*, Campinas, v. 27, n. 96, p. 667-688, 2006.

DINIZ-PEREIRA, Júlio Emílio. *Formação de professores, pesquisas, representações e poder*. Belo Horizonte: Autêntica, 2000.

DINIZ-PEREIRA, Júlio Emílio. A pesquisa dos educadores como estratégia para construção de modelos críticos de formação docente. *In*: DINIZ-PEREIRA, Júlio Emílio; ZEICHNER, Ken (org.). *A pesquisa na formação e no trabalho docente*. Belo Horizonte: Autêntica, 2002.

DINIZ-PEREIRA, Júlio Emílio. Da racionalidade técnica à racionalidade crítica: formação docente e transformação social. *Perspectivas em Diálogo*, Naviraí, v. 1, n. 1, p. 34-42, 2014.

ESTEBAN, Maria Teresa. A negação do direito à diferença no cotidiano escolar. *Avaliação*: Revista da Avaliação da Educação Superior, Campinas, v. 19, n. 2, p. 463-486, 2014.

FIORENTINI, Dario; OLIVEIRA, Ana Teresa de Carvalho. O lugar das matemáticas na licenciatura em Matemática: que matemáticas e que práticas formativas. *Bolema*, Rio Claro, v. 27, n. 47, 917-938, 2013.

FREIRE, Paulo. *Pedagogia do oprimido*. 12. ed. Rio de Janeiro: Paz e Terra, 1983.

GATTI, Bernardete A. Sobre a formação de professores para o 1º e 2º graus. *Em Aberto*, Brasília, n. 34, p. 11-15, 1987.

GATTI, Bernardete A. Formação de professores no Brasil: características e problemas. *Educação & Sociedade*, Campinas, v. 31, n. 113, p. 1355-1379, out./dez. 2010.

FREIRE, Paulo. Formação de professores no Brasil: características e problemas. *Educação e Sociedade*, Campinas, v. 31, n. 113, p. 1.355-1.379, 2010.

GONTIJO, Cleyton Hércules. *Os resultados das avaliações em larga escala e as percepções de professoras dos anos iniciais do ensino fundamental têm acerca de sua formação e de suas atitudes em relação a matemática*: possíveis conexões. Universidade de Brasília, 2011. Disponível em: https://www.anpae.org.br/iberoamericano2012/Trabalhos/CleytonHerculesGontijo_res_int_GT2.pdf. Acesso em: 25 out. 2023.

KOSIK, Karel. *Dialética do concreto*. São Paulo: Paz e Terra, 1976.

LEITE, Lucia Helena Alvarez. Pedagogia de projetos: intervenção no presente. *Presença Pedagógica*, Belo Horizonte, v. 2, n. 8, p. 24-33, 1996.

MOREIRA, Plínio C.; DAVID, Maria Manoela Soares. *O conhecimento matemático do professor*: licenciatura e prática docente escolar. Belo Horizonte: Autêntica, 2005.

NOVOA, Antônio. Para uma formação de professores construída dentro da profissão. *Revista de Educción*, Madrid, Gobierno de España, n. 350, 2009.

ROMÃO, José Eustáquio. *Avaliação dialógica*: desafios e perspectivas. São Paulo: Cortez, 1999.

SANTOS, Lucíola Licínio. Políticas públicas para o ensino fundamental: parâmetros curriculares nacionais e o sistema nacional de avaliação (Saeb). *Educação e Sociedade*, Campinas, v. 23, n. 80, p. 346-367, 2002.

SILVA, César Augusto Alves da. Educação e não emancipação: os limites objetivos da educação escolar no capitalismo industrial contemporâneo. *Educação e Sociedade*, Campinas, v. 39, n. 143, p. 439-454, 2018.

SOUZA, João Valdir Alves de; DINIZ, Margareth; OLIVEIRA, Miria Gomes (org.). *Formação de professores e condição docente*. Belo Horizonte: Editora da Universidade Federal de Minas Gerais, 2014.

TEIXEIRA, Inês Assunção Castro. Da condição docente: primeiras aproximações teóricas. *Educação e Sociedade*, Campinas, v. 28, n. 99, 2007.

ZAIDAN, Samira. *Bases teóricas transdisciplinares para a formação de professores*. Relatório de pesquisa, Professora visitante Instituto de Estudos Avançados Transdisciplinares – Universidade Federal de Minas Gerais, 2018.

ZAIDAN, Samira et al. *Um currículo para a licenciatura em matemática do ponto de vista da educação matemática* - a necessária renovação da formação de professores de Matemática, tendo em vista a profissão docente na educação básica. Relatório de Pesquisa, Grupo de Trabalho Formação de Professores que Ensinam Matemática, SBEM-Sociedade Brasileira de Educação Matemática, Brasília, 2023.

7

POSFÁCIO: MEMÓRIAS E CONTINGÊNCIAS

FABIANA DA SILVA VIANA

1999, esse foi o ano da minha entrada na Universidade Federal de Minas Gerais.

Antes de chegar lá, vivi algumas situações privilegiadas de formação. Fiz a educação infantil em uma das únicas escolas públicas do segmento àquele tempo na cidade de Belo Horizonte. Cursei o ensino fundamental em uma escola do Sesi, quando ainda não era necessário pagar mensalidades e podia-se desfrutar de uma excelente estrutura material e de ensino. Realizei o ensino médio, por sua vez, em uma escola pública importante em Belo Horizonte: o Estadual Central, que em 1998 estava entre as 10 primeiras escolas com maior número de aprovações em vestibulares na cidade. Paralelamente a essa experiência escolar, eu e minha família, branca e de classe média, tínhamos casa própria e integrávamos uma congregação religiosa no bairro de periferia onde morávamos.

Em parte, minha escolha pelo curso de Pedagogia nasceu dessa experiência religiosa, ou do que se dizia na congregação à época: do "chamado" à evangelização – curiosamente, fala e experiência comuns também a muitos dos meus colegas de graduação. Assumir a liderança de classes dominicais na igreja era visto como um "dom", uma predestinação; ao menos era assim que se dizia entre as pessoas que participavam daquela congregação.

Tal compreensão tocava suavemente um conjunto de outras compreensões em circulação no imaginário social acerca do professor como um "sacerdote", que se sacrifica por "amor à docência"; responsável por transmitir às crianças uma "base" e as ferramentas para a "transformação" de sua realidade. Havia uma grande similaridade entre a responsabilidade que se tentava incutir nos fiéis em relação à disseminação da moral cristã e às representações construídas historicamente a respeito da função do professor, como bem retratado por Eliane Lopes neste livro e em outros escritos.

Naquele ano de 1999, o curso de Pedagogia iniciava-se no prédio da Faculdade de Filosofia e Ciências Humanas (Fafich/UFMG); era o ciclo básico, realizado em turmas com estudantes de vários outros cursos de graduação e dedicado às discussões mais gerais das áreas de política, filosofia, sociologia, economia e educação. Quando me recordo desse tempo, a figura que evoco é a de uma onda que precisei atravessar usando um barco frágil. Eu desejava compreender o que estava sendo discutido nas aulas e, por isso, li os textos indicados muitas vezes e realizei muitos, muitos, fichamentos e registros.

De algum modo, estava eu ali, ainda de modo intuitivo, construindo uma experiência de letramento acadêmico que foi dando o tom para minha posterior relação com a universidade. Mais do que isso, o ciclo básico e os meses na Fafich/UFMG permitiram-me ver, mesmo que de longe, um horizonte de expectativas que se expandia além das experiências culturais e sociais de que já havia desfrutado.

Na Faculdade de Educação (FAE/UFMG), todo esse interesse e desejo pela vida universitária e pelo conhecimento acadêmico foi se ampliando. Logo de início integrei-me ao grupo de pesquisa de História da Educação. Eu e os demais bolsistas circulávamos entre os museus e centros de memória da cidade, observando a relação entre a memória, os acervos e os visitantes. Em pouco tempo passei a participar de outros projetos envolvendo a pesquisa em arquivos documentais e bibliotecas, discutindo temas em história da educação, em história da psicologia e a leitura literária em escolas de educação básica.

De forma paralela a essas vivências, ocorriam as aulas na graduação, minhas muitas leituras, meus tantos fichamentos e meu mergulho profundo no acervo da biblioteca da FAE. Nesse movimento de imersão no conhecimento produzido no campo, a interlocução com os professores do curso de Pedagogia foi fundamental para que eu pudesse decifrar conceitos, seus limites e sua historicidade. E não poderia me furtar a dizer que – para meu deleite – alguns desses professores e interlocutores generosos também são autores neste livro.

Assim, o peso de minha formação foi se assentando nesse lugar da pesquisa e da relação entusiasmada com o conhecimento que vinha sendo produzido acerca da educação. Depois de ler as reflexões trazidas neste livro vejo-me, então, diante das perguntas: tal peso diz respeito a uma escolha inteiramente minha? Em que medida essa escolha não foi condicionada pelo modelo de formação de professores assumido pela universidade a partir dos anos 1990 e explicitado de forma tão consistente neste livro?

Outro ponto importante nessa minha história com o curso de Pedagogia diz respeito a um grupo significativo de professores que se ausentaram das aulas de graduação naqueles anos em razão de sua aposentadoria. Entre eles destaco Magda Soares, e chamo a atenção para seu conhecimento do cotidiano escolar e da gerência da sala de aula, seu profundo entendimento sobre a história do curso de Pedagogia e sua atuação com a formação de professores (FONSECA, 2016, p. 102-103).

Como verifiquei no *Anuário da Faculdade de Filosofia de Minas Gerais (1939-1953)*, muitos dos professores envolvidos na criação do curso de Pedagogia e, posteriormente, da FAE/UFMG, conciliavam sua atuação na universidade com a experiência em colégios e escolas da capital mineira,[201] o que indicava um vínculo mais estreito com "chão da escola".

Uma parte dos professores que assumiram essas posições e com os quais convivi na FAE/UFMG, contudo, já se dedicavam integralmente à universidade e seu vínculo com a escola pública dava-se a partir das pesquisas realizadas na pós-graduação e não propriamente da experiência docente ou da gestão na educação básica. Esse conjunto de contingências permitiu que fosse se configurando, como característica da formação de professores na universidade, um olhar sobre a escola e não um olhar produzido de dentro da escola, de suas dinâmicas e demandas internas.

Ainda sobre minha experiência como graduanda, cabe destacar que o início dos estágios obrigatórios deu-se da metade do curso de Pedagogia em diante; muitas vezes, de forma coletiva e pouco assistida, pois não havia tempo ou condições para que pudéssemos discutir as dificuldades encontradas, as dúvidas e as imprevisibilidades que são uma marca forte e perene das escolas de educação básica; mais do que isso, o tempo previsto não era suficiente para que pudéssemos pensar em estratégias e possibilidades, fosse para a compreensão dos contextos escolares, sempre tão complexos, fosse para a partilha de nossas percepções junto às equipes que nos recebiam nas escolas.

Lembro-me das inseguranças trazidas pelo grupo de colegas de graduação quando retornávamos à faculdade, e confesso que revivi essa angústia, muitas vezes, como professora de Didática, no ensino superior, quando recebia os estudantes após os estágios obrigatórios. Tanto naqueles meus

---

[201] Em: VIANA, Fabiana *et al*. A Faculdade de Filosofia de Minas Gerais e seu Curso de Pedagogia – Belo Horizonte, MG (1943-1963). *In*: FARIA FILHO, Luciano Mendes; SOUZA, João Valdir Alves de; FONSECA, Nelma Marçal L. (org.). *Formação docente na UFMG*: história e memória. Belo Horizonte: Mazza Edições, 2016, e nos demais textos que compõem o livro *Formação docente na UFMG: história e memória*, há outras informações importantes que coadunam com as proposições trazidas neste posfácio e nos demais capítulos deste livro.

anos de graduação quanto na experiência como professora de Didática, os estudantes voltaram dos estágios com muitas críticas à instituição escolar, seus estudantes e professores. As percepções e os olhares tenderam ora a uma crítica áspera acerca das escolhas feitas pelas equipes docentes, ora a uma postura de conformidade com os contextos e desafios encontrados; ou seja, um entendimento apenas superficial dos processos e das dinâmicas escolares.

Agora, fazendo esse retrospecto – e sob a influência das provocações suscitadas neste livro – pergunto-me: se os estágios e a mentoria de professores universitários tivessem início logo no primeiro ano de graduação, que impacto isso teria sobre minha formação e de meus colegas pedagogos? Ou, ainda, seria possível que os estudantes de Pedagogia fossem primeiro às escolas e trouxessem suas percepções para que a partir daí construíssemos experiências formativas, como defendido em algumas das abordagens metodológicas em discussão na universidade? Indo mais além: e se tivéssemos mantido as escolas experimentais, previstas décadas atrás como parte importante das Escolas Normais e Institutos de Educação, que tom seria dado à formação daquela turma de Pedagogia de 1999? Como não teria sido a formação de meus próprios alunos de graduação? Aqui cabe ainda mais uma reflexão: o desconforto narrado não seria, acima de tudo, consequência das descontinuidades históricas das políticas de formação de professores emanadas dos governos e tão fortemente denunciadas neste livro?

Também como pano de fundo desse desconforto está a dicotomia presente na origem dos cursos de formação de professores na universidade, cujo pêndulo ora inclinou-se para o conhecimento disciplinar, ora para o conhecimento pedagógico-didático. Como sinalizado em alguns capítulos deste livro, o currículo inicial desses cursos foi organizado na fórmula 3 + 1, ou seja, três anos de estudo de uma área disciplinar específica e um ano de estudo da Didática, ofertado exclusivamente àqueles que desejassem lecionar no ensino secundário ou na Escola Normal. Tal organização impregnara as políticas e as propostas de formação que tiveram lugar a partir da década de 1940, e a dificuldade de integração entre esses conhecimentos persistiu mesmo com a criação das Faculdades de Educação, percorrendo várias décadas e se fazendo presente até os dias de hoje.[202]

Concluí o curso o Pedagogia em outubro de 2003. Naquele momento, já havia me articulado para dar continuidade à minha formação, ingressando no curso de mestrado com um projeto de pesquisa sobre a história da escola pública primária em Minas Gerais. Também havia passado em um concurso público para atuar como professora de educação infantil na rede municipal de Belo Horizonte. Minhas notas no processo seletivo do mestrado e as publicações que já havia acumulado permitiram-me, no entanto, pleitear uma bolsa e financiamento; fiz, então, a opção por me dedicar inteiramente à pesquisa. E como muitos outros colegas da pós-graduação àquela época, posterguei novamente a possibilidade de atuar diretamente na escola.

Ao fim do mestrado surgiu um novo concurso para atuar na educação básica. Assumi. Dessa vez, era uma escola situada em outro município, e em um dos locais de maior vulnerabilidade da Região Metropolitana de Belo Horizonte. Era o ano de 2007 e eu estava atuando em instituições de ensino superior, articulando-me para ingressar no doutorado... e diante de situações de uma grande complexidade na escola.

Eu dispunha de muito conhecimento e recurso teórico, modelos e propostas de ensino, um repertório grande de materiais e leituras, mas sem o conhecimento sobre como conduzir, por exemplo, ações junto ao Conselho Tutelar, ou como lidar com situações de extrema pobreza e violência que atravessavam cotidianamente a escola onde eu trabalhava. Optei novamente por manter-me no ensino superior e na pós-graduação, e lá permaneci por mais alguns anos, sempre sob o assombro de ter vivenciado por tão pouco tempo o lugar da docência e da coordenação pedagógica na educação básica.

Ao longo desse tempo, eu vinha sendo procurada por algumas escolas para ministrar formações a professores de educação infantil. Fui conciliando esses trabalhos com o ensino superior, até que recebi um convite para retomar a experiência com a educação infantil em uma escola da rede privada. Dessa vez, rendi-me ao "chamado" e fiz um novo mergulho, o qual tomo

---

[202] VIANA et al, 2016; FONSECA, Nelma Marçal Lacerda. Formação de professores na UFMG: da Faculdade de Filosofia à Faculdade de Educação (1960-1971). In: FARIA FILHO, Luciano Mendes; SOUZA, João Valdir Alves de; FONSECA, Nelma Marçal L. (org.). *Formação docente na UFMG:* história e memória. Belo Horizonte: Mazza Edições, 2016; SOUZA, João Valdir Alves de. Licenciaturas da UFMG no período 1968-1996. In: FARIA FILHO, Luciano Mendes; SOUZA, João Valdir Alves de; FONSECA, Nelma Marçal L. (org.). *Formação docente na UFMG:* história e memória. Belo Horizonte: Mazza Edições, 2016; LIBÂNEO, José Carlos. Formação de professores e didática para o desenvolvimento humano. *Educação e Realidade*, Porto Alegre, v. 40, n. 2, p. 629-650, 2015.

como referência para amarrar todas as lembranças, ideias e contingências aqui descritas.

É evidente que uma formação no nível da graduação não suprirá todas as demandas nem fornecerá todos os instrumentos para exercermos a profissão com segurança. A pós-graduação, por sua vez, mais do que suprir lacunas de uma formação inicial, tem se constituído – pelo menos em minha trajetória – como espaço e caminho para o exercício da docência e da coordenação pedagógica. Não é demais repetir que há uma grande complexidade nas situações que temos vivido na escola; ouso dizer que nunca os educadores foram tão desafiados. Na escola, temos sido atravessados por diferentes pressões, que exigem respostas rápidas e que envolvem a pobreza e a violência, mas também a judicialização, a parentalidade, o preconceito racial e de gênero, a supervalorização do discurso biomédico e as pregnâncias que emolduram a leitura da Lei Brasileira de Inclusão da Pessoa com Deficiência (Lei n.º 13.146, 2015), afora o desafio histórico de vencer o ciclo de alfabetização.

Ser capaz de realizar pesquisas bibliográficas, ler documentos legais, realizar curadorias de materiais diversos e cuidar da formação em serviço têm sido medidas de sobrevivência para mim e para a equipe de educadores que coordeno. Outro vetor de pressões está relacionado ao trabalho com competências, habilidades, avaliações externas e em larga escala; e, aqui, o que está em discussão não é sua relevância ou não, mas as condições de estudo para desdobrar habilidades em propostas didáticas e para analisar dados, transformando-os em intervenções consistentes em nosso polissêmico ambiente escolar. Para esse contexto, tenho mobilizado intensamente toda minha experiência acadêmica e formação, sejam as habilidades que envolvem a pesquisa, a análise e a partilha de informações, sejam as habilidades que envolvem a escrita formal e autoral de textos e documentos técnicos.

É esse o movimento provocado pela leitura deste livro! Para o educador que se depara com as informações e as proposições aqui reunidas é impossível não realizar um movimento de metacognição e de retomada de nossas escolhas formativas e profissionais. É impossível resistir à provocação de Dermeval Saviani e não pensar em perspectivas que não floresceram por causa da descontinuidade de modelos e propostas de formação. Ao tomar minha própria trajetória como objeto de reflexão, mais do que identificar lacunas, minha intenção foi pensar em contingências e nos resultados delas decorrente.

Mobilizo aqui a definição de contingência não em um sentido restrito ou de julgamento, mas pensando-a como um fato fortuito do qual não conhecemos todas as variáveis e sobre o qual fazemos projeções sempre limitadas. E de todos os apontamentos que foram realizados pelos autores e grandes educadores presentes neste livro, para mim, que estou atuando de dentro dessa complexa escola do século XXI, esperanço que possamos priorizar a melhoria dos salários dos professores e a ampliação de seu tempo de permanência dentro das instituições escolares para que possam reunir-se com seus pares, em diálogo franco e aberto, e avançar em relação às suas experiências de formação.

REFERÊNCIAS

ANUÁRIO DA FACULDADE DE FILOSOFIA DE MINAS GERAIS (1939-1953). Belo Horizonte: Universidade de Minas Gerais, 1953.

FONSECA, Nelma Marçal Lacerda. Formação de professores na UFMG: da Faculdade de Filosofia à Faculdade de Educação (1960-1971). *In*: FARIA FILHO, Luciano Mendes; SOUZA, João Valdir Alves de; FONSECA, Nelma Marçal L. (org.). *Formação docente na UFMG:* história e memória. Belo Horizonte: Mazza Edições, 2016.

LIBÂNEO, José Carlos. Formação de professores e didática para o desenvolvimento humano. *Educação e Realidade*, Porto Alegre, v. 40, n. 2, p. 629-650, 2015.

SOUZA, João Valdir Alves de. Licenciaturas da UFMG no período 1968-1996. *In*: FARIA FILHO, Luciano Mendes; SOUZA, João Valdir Alves de; FONSECA, Nelma Marçal L. (org.). *Formação docente na UFMG:* história e memória. Belo Horizonte: Mazza Edições, 2016.

VIANA, Fabiana *et al*. A Faculdade de Filosofia de Minas Gerais e seu Curso de Pedagogia – Belo Horizonte, MG (1943-1963). *In*: FARIA FILHO, Luciano Mendes; SOUZA, João Valdir Alves de; FONSECA, Nelma Marçal L. (org.). *Formação docente na UFMG*: história e memória. Belo Horizonte: Mazza Edições, 2016.